DESARROLLO SOSTENIBLE

MARÍA CANO

www.desarrollosostenible.guiaburros.es

EDITATUM

Diseño de cubierta: ©Andrea Fernández Rodríguez (EDITATUM)
Maquetación de interior: © EDITATUM

Primera edición: agosto de 2020

ISBN: 978-84-18429-03-3
Depósito legal: M-20384-2020

IMPRESO EN ESPAÑA/ PRINTED IN SPAIN

Si después de leer este libro, lo ha considerado como útil e interesante, le agradeceríamos que hiciera sobre él una **reseña honesta en Amazon** y nos enviara un e-mail a **opiniones@guiaburros.es** para poder, desde la editorial, enviarle **como regalo otro libro de nuestra colección.**

Agradecimientos

*A la persona que además de darme la vida me ha
inculcado el valor del respeto, mi madre.*

Sobre la autora

María Cano es Ingeniera Técnico en Informática y Licenciada en Documentación por la UPV y *Executive MBA* por ESADE. Profesora en el *European School of Economics* y voluntaria como consultora y formadora en proyectos sociales. Después de más de 18 años trabajando en varios países Europeos en las industrias del Automóvil, Informática y Electrónica, en 2017 fundó **Canussa**.

Canussa nació con el objetivo de innovar en moda sostenible creando un proyecto económicamente responsable, ecológicamente respetuoso y socialmente comprometido.

La creación y gestión de una empresa de triple balance, le ha permitido a la autora sumergirse en los retos que plantea encontrar el equilibrio entre la viabilidad económica de un proyecto y la obtención de un impacto positivo en la sociedad respetando el medio ambiente desde cada una de las áreas de la empresa.

Índice

Introducción

No es una novedad que la forma en la que hemos producido y consumido para satisfacer nuestras necesidades ha dañado al planeta.

Somos perfectamente conscientes de que es necesario un cambio si queremos dejar a las futuras generaciones un mundo mejor, pero ¿sabemos en qué consiste el cambio?

El objetivo de este libro es ofrecer una visión objetiva de la situación insostenible a la que hemos llegado dando a conocer al lector las causas que la han provocado y ofrecer una mirada hacia el futuro analizando algunos de los cambios que pueden implementar tanto las empresas como los consumidores para conseguir un desarrollo económico que no dañe el medio ambiente.

Entender algunas de **las causas** que nos han llevado a la situación insostenible en la que nos encontramos, nos ayudará a entender qué es lo que podemos cambiar para frenar los impactos negativos en el medio ambiente y, en la medida de lo posible, revertir algunos de los daños ocasionados.

Indudablemente, **las empresas** han jugado un papel muy importante en el problema que se nos presenta, pero pueden y **deben ser parte de la solución**. Las empresas han de unirse al cambio hacia un desarrollo sostenible buscando el equilibrio entre el desarrollo económico, social y medioambiental.

El primer paso hacia el cambio es **medir nuestras huellas**, de esta forma podremos conocer en profundidad el impacto de nuestras acciones en el planeta y la sociedad.

Las energías renovables se presentan como una gran solución para reducir la emisión de los gases de efecto invernadero que están provocando el cambio climático.

Uno de los grandes retos a los que nos enfrentamos es el de cambiar **una economía lineal por una economía circular** teniendo en cuenta el consumo de energía y recursos naturales, la reducción y buena gestión de los residuos y sin olvidar todo lo que las nuevas tecnologías pueden ofrecer a un desarrollo sostenible.

También analizaremos un nuevo concepto de empresa que nace con el objetivo de crear un impacto positivo y un nuevo tipo de economía colaborativa que fomenta facilitar la reutilización y los servicios compartidos.

Finalmente, este libro debería de hacer reflexionar al lector, como consumidor, sobre el papel que juega en este cambio tan necesario. Es hora de que como consumidores seamos conscientes de qué hay detrás de los productos y servicios que consumimos y qué impacto tienen en el medio ambiente y en la sociedad nuestros hábitos.

Cambiando nuestros patrones de consumo, consumiendo de forma consciente y responsable, moviéndonos de forma diferente y decidiendo donde compramos estaremos aportando nuestro granito de arena para que las futuras generaciones puedan disfrutar de un mundo sostenible.

¿Qué es la sostenibilidad?

Escuchamos y hablamos con frecuencia de la importancia de ser sostenibles. Sostenibilidad puede llegar a resultar un término muy abstracto y subjetivo, pero ¿sabemos realmente qué significa ser sostenible?

El concepto de desarrollo sostenible aparece por primera vez en el informe *Brundtland* [1], también conocido como *Nuestro Futuro Común*, creado en 1987 bajo la petición de la Comisión Mundial sobre el Medio Ambiente y el Desarrollo (CMMAD). El desarrollo sostenible se define en el informe como el desarrollo que consiste en satisfacer las necesidades del presente sin afectar **negativamente a las condiciones de las generaciones futuras** desde el punto de vista **medioambiental, social y económico.**

Desde entonces, se entiende que una actividad o proyecto es sostenible cuando su impacto en el entorno no implica agresión ni su destrucción en el futuro.

---

1. https://sustainabledevelopment.un.org/content/documents/5987our-common-future.pdf <https://sustainabledevelopment.un.org/content/documents/5987our-common-future.pdf>

El desarrollo sostenible trata de lograr el equilibrio entre los tres desarrollos:

- **Desarrollo económico**: el desarrollo de la economía debe ser igualitario y beneficiar a todas las personas que forman parte de la sociedad.

- **Protección del medio ambiente**: el progreso económico no puede conllevar el agotamiento de los recursos y el daño al medio ambiente.

- **Desarrollo social:** trabaja por la igualdad de oportunidades para todas las personas. Tiene como objetivos la eliminación de la pobreza y el acceso de todos los integrantes de la sociedad a las necesidades. Es imprescindible la igualdad de derechos entre personas evitando la discriminación por edad, raza o sexo.

Es por tanto necesario preservar los recursos naturales, proteger la naturaleza y procurar que todas las personas tengan acceso a las mismas oportunidades.

El desarrollo sostenible nos permitirá dejar un planeta con recursos a disposición de las futuras generaciones a la vez que nos permitirá seguir desarrollando nuestra economía y una sociedad mas justa.

Agenda 2030:
Los objetivos de desarrollo sostenible

En 2015, La Asamblea General de las Naciones Unidas aprobó la *Agenda 2030* para el *Desarrollo Sostenible* [2], un plan de acción a favor de las personas, el planeta y la prosperidad que también tiene la intención de fortalecer la paz universal y el acceso a la justicia.

Más de dos años de consultas públicas, interacción con la sociedad civil y negociaciones entre los países dieron lugar a *17 Objetivos de Desarrollo Sostenible (Anexo 1)* con 169 metas con el objetivo de erradicar la pobreza, promover la prosperidad y el bienestar para todos, proteger el medio ambiente y hacer frente al cambio climático a nivel mundial.

---

2. https://www.un.org/sustainabledevelopment/es/objetivos-de-desarrollo-sostenible/

Situación insostenible

Desde la *Revolución Industrial,* el objetivo de las empresas ha sido el de obtener un beneficio económico asumiendo que el medio ambiente es una fuente inagotable de recursos y sin tener en cuenta el impacto de su actividad en el mismo.

El sistema económico tradicional, por tanto, ha causado graves problemas al medioambiente: contaminación del aire, del suelo y del agua, agotamiento de los recursos naturales, pérdida de biodiversidad y cambio climático entre otros.

Nos encontramos ante una situación insostenible, ya que nuestras acciones están cubriendo nuestras necesidades del presente, pero están **afectando negativamente a las condiciones de las generaciones futuras.**

Contaminación

Se entiende por contaminación la introducción directa o indirecta mediante la actividad humana de sustancias, vibraciones, calor o ruido en la atmósfera, el agua o el suelo que pueden tener efectos perjudiciales para la salud humana o el medioambiente

A continuación, se analizan los tres tipos principales de contaminación causada por el hombre que mayor daño causan en el medio ambiente:

Contaminación del agua

Se entiende que el agua está contaminada cuando su composición se ha alterado de tal modo que no reúne las condiciones necesarias para ser utilizada de manera beneficiosa para el consumo del hombre, de los animales o las plantas. La contaminación del agua se considera grave, ya que tiene además de tener un impacto en el planeta, tiene un impacto en los seres vivos.

La contaminación del agua afecta a ríos, acuíferos y mares y puede proceder principalmente de dos grandes grupos:

- **Contaminación física:** basura y residuos arrojados al agua. Entre ellos los macroplásticos y los microplásticos.

- **Contaminación química:** contaminantes que no se ven, pero que se encuentran presentes en el agua como los pesticidas químicos, bacterias fecales o los productos químicos procedentes de la industria.

Los principales factores contaminantes del agua son:

- **Vertidos de aguas negras:** fluidos cloacales, urbanos e industriales.

- **Derrames de petróleo:** provienen de perforaciones petroleras.

- **Productos fitosanitarios:** tras ser rociados en los campos son absorbidos por la tierra y alcanzan las aguas subterráneas.

- **Deforestación:** la tala indiscriminada de árboles provoca la aparición de bacterias en el suelo que se filtran en la tierra y contaminan el agua subterránea.

Estas son algunas de las consecuencias de la contaminación del agua:

» Desaparición de la biodiversidad y los ecosistemas acuáticos.

» Alteración en la cadena alimentaria.

» Aumento de enfermedades infecciosas.

Contaminación de la tierra

La contaminación de la tierra es la producida por el vertido de sustancias químicas y basuras en el suelo.

Una de las causas más evidentes de la contaminación del suelo se encuentra en el aumento de compuestos químicos y basuras:

- **Almacenamientos subterráneos:** contienen líquidos y gases derivados del petróleo que entran en contacto con la tierra a través de las filtraciones de los conductos.

- **Pesticidas:** es la principal causa de la contaminación del suelo por la gran cantidad de químicos que contiene y que la tierra absorbe hasta llegar al agua subterránea.

- **Residuos urbanos:** basura doméstica y comercial que no es tratada de manera adecuada para evitar su negativo impacto ambiental. Aquellos desechos que no se descomponen permanecen cientos de años en la tierra y en el agua.

- **Residuos industriales:** pesticidas, líquidos químicos y restos de combustibles y metales que provienen de la producción textil, papelera, alimentaria y petrolera.

Estas son algunas de las consecuencias de la contaminación de la tierra:

» Desertificación.

» Disminución de la calidad de las cosechas.

» Desaparición de especies.

» Aumento de las enfermedades.

» Emisiones de CO_2.

Contaminación del aire

La contaminación del aire está compuesta por una mezcla de partículas sólidas y gases.

Las principales fuentes que producen gases contaminantes son las siguientes:

- La extracción de hidrocarburos de los campos de petróleo, de carbón y de gas.

- El uso de combustibles fósiles, principalmente para el transporte.

- El proceso digestivo de los bovinos por la masiva industria agrícola-ganadera.

- Los incendios de bosques tropicales.

Estas son algunas de las consecuencias de la contaminación del aire:

» Enfermedades: según la Organización Mundial de la Salud (OMS), la contaminación del aire provoca la muerte de siete millones de personas cada año.

» Efectos destructivos sobre elementos expuestos a la intemperie.

» Efecto invernadero.

Cambio climático

Durante algunos años ha habido un debate en torno al cambio climático. Hoy en día, el cambio climático o calentamiento global, es ya un hecho indiscutible.

Según la *Declaración de la Organización Meteorológica Mundial (OMM)*[3] *sobre el estado del clima mundial en 2015-2019*, se estima que la temperatura media mundial ha aumentado en 1,1 °C desde la era preindustrial (1850-1900) y en 0,2 °C con respecto al período 2011-2015.

¿Qué está provocando el cambio climático?

El cambio climático está siendo provocado principalmente por los gases de efecto invernadero.

Los gases de efecto invernadero son gases que influyen y equilibran la temperatura en nuestro planeta reteniendo el calor del sol. Muchos de esos gases se producen de forma natural pero, debido a la actividad humana, las concentraciones de algunos de ellos están aumentando en la atmósfera. Los gases con una mayor implicación en el efecto invernadero por la intervención del hombre son los siguientes:

Dióxido de carbono (CO_2): es el principal gas causante asociado a las actividades humanas y es responsable del 63% del calentamiento global causado por el hombre principalmente por la *combustión del carbón, petróleo y gas*.

3. https://library.wmo.int/doc_num.php?explnum_id=9936

Metano (CH$_4$): es el responsable del 19% de los gases que producen el efecto invernadero. Su origen se encuentra en las fermentaciones que se dan en zonas pantanosas, cultivos como el arroz y en las emisiones que emiten los tractos intestinales del ganado.

Óxido nitroso (N$_2$O): representa el 6% de los gases de efecto invernadero y procede del uso de algunos fertilizantes químicos en la agricultura.

¿Cuáles con las consecuencias del cambio climático?

De acuerdo con el *Informe especial del IPCC*[4] (Grupo Intergubernamental de Expertos sobre el Cambio Climático) *sobre los impactos del calentamiento global de 1,5 °C*, el cambio climático ya está afectando a las personas, los ecosistemas y los medios de vida de todo el mundo.

Estas son algunas de las consecuencias que estamos ya sufriendo como consecuencia del cambio climático:

- Daños en las cosechas y en la producción alimentaria.

- Sequías.

---

4. https://www.ipcc.ch/site/assets/uploads/sites/2/2019/09/IPCC-Special-Report-1.5-SPM_es.pdf

- Fenómenos meteorológicos extremos como tormentas y huracanes.

- Grandes incendios.

- Derretimiento de los glaciares.

- Aumento del nivel del mar.

- Desaparición de especies animales.

De acuerdo con el *Informe especial del IPCC* (Grupo Intergubernamental de Expertos sobre el Cambio Climático) *sobre los impactos del calentamiento global de 1,5 °C*, limitar el calentamiento a 1,5 °C es posible, pero para ello se necesitaría la consecución de emisiones netas mundiales de CO_2 iguales a cero en 2050. Para llegar a esa neutralidad necesitamos conseguir emitir una huella de carbono cero. lo que significa emitir la misma cantidad de CO_2 a la atmósfera de la que se retira.

Si no conseguimos reducir la emisión de carbono lo suficiente para no producir más del que de forma natural se puede absorber por los bosques y las plantas, se puede evitar que el CO_2 generado llegue a la atmósfera con técnicas tales como la captura y almacenamiento de carbono, lo que se denomina el "secuestro de carbono".

Residuos

Somos conscientes de que estamos generando muchos residuos. Solo hace falta fijarse en las veces que bajamos la basura a la semana en un hogar medio. Lo preocupante es que es un problema que está aumentando año tras año.

Según el informe del Banco Mundial, *What a Waste 2.0* [5], en el mundo se generan anualmente 2.010 millones de toneladas de desechos y al menos el 33 % de ellos no se gestionan sin riesgo para el medio ambiente. Con la previsión de que la cantidad de desechos a nivel mundial aumente 70 % en los próximos 30 años y llegue en 2050 a un volumen de 3.400 millones de toneladas de desechos generados anualmente, la reducción y gestión de residuos se prevé que será uno de los grandes retos del desarrollo sostenible.

Se estima que un **5% de las emisiones mundiales de los gases de efecto invernadero** son generadas por la gestión de los desechos sólidos.

Residuos plásticos

Según el informe *What a Waste 2.0*, se estima que el 12% de los desechos generados, aproximadamente **242 millones de toneladas**, son desechos de plástico.

---

5. https://openknowledge.worldbank.org/handle/10986/30317

Los plásticos son compuestos sintéticos hechos de materiales a base de carbono. La mayor parte del plástico deriva del petróleo y de otros combustibles fósiles. El gran peligro de los plásticos es que la mayoría de los plásticos no son biodegradables y **permanecen en el medio durante cientos de años**.

De los 27 millones de toneladas de residuos plásticos que se producen cada año en Europa, solo un tercio se recicla.

Los residuos plásticos están contaminando los océanos y constituyendo el 90 % de los residuos en el mar, causando graves daños a la fauna marina.

Según *el informe WWF* [6] *A escala mundial*, existen unas 700 especies marinas amenazadas por los plásticos. En todo el mundo se han encontrado 344 especies atrapadas en plásticos. En el Mediterráneo, las principales víctimas son las aves (35%), los peces (27%), los invertebrados (20%), los mamíferos marinos (13%) y las tortugas marinas.

Los microplásticos

Los macroplásticos son la forma más visible de contaminación plástica, pero en realidad son los microplásticos, fragmentos de menos de 5 mm, los que más afectan a la vida marina.

6. http://awsassets.wwf.es/downloads/wwf_trampa_plastico.pdf

Algunos microplásticos se producen directamente en el mar, ya que los desechos plásticos más grandes se descomponen y otros se fabrican para jabones, cremas, geles y pastas dentales, o se generan accidentalmente, por ejemplo, del uso y lavado de fibras sintéticas de la ropa.

Los mejillones, los cangrejos comunes, el salmonete y el lenguado, que se alimentan del lecho marino, pueden ser importantes acumuladores de microplásticos. Los plásticos en el mar no solo son una amenaza para la fauna sino que indirectamente también podrían serlo para el ser humano.

Los países en vías de desarrollo se llevan la peor parte

Según el informe *What a Wuste 2.0*, en los países en vías de desarrollo se recoge tan solo el 48% de los desechos en las ciudades y un 26% en zonas rurales. Más del 90% de los desechos generados se vierten o queman al cielo.

Además, en estos países, los deslizamientos de basureros han enterrado viviendas y personas bajo residuos, normalmente afectando a la población más pobre.

Otro problema añadido para estos países es que una parte del proceso de gestión de residuos en los países desarrollados se externaliza a países en vías de desarrollo.

Concretamente, el plástico que se consume en estados occidentales que está en mal estado y es difícil de reciclar se exporta a varios países en Asia, provocando graves problemas en ellos.

Gestión de los residuos

De los 27 millones de toneladas de residuos plásticos que se producen cada año en Europa, solo un tercio se recicla.

La gestión de los desechos sólidos es un problema universal. La gestión sostenible de residuos conlleva esfuerzos y costes económicos, convirtiéndose en una partida presupuestaria importante para muchos gobiernos.

De acuerdo con Sameh Wahba, director de Desarrollo Urbano y Territorial, Gestión de Riesgos de Desastres, y Resiliencia del Banco Mundial, "La gestión inadecuada de los desechos está produciendo la contaminación de los océanos del mundo, obstruyendo los drenajes y causando inundaciones, transmitiendo enfermedades, aumentando las afecciones respiratorias por causa de la quema, perjudicando a los animales que consumen desperdicios, y afectando el desarrollo económico".

Deterioro de los ecosistemas y la pérdida de biodiversidad

El deterioro de la composición, estructura o función de los ecosistemas, provoca una pérdida de los hábitats de miles de especie, siendo la principal causa de pérdida de biodiversidad.

Según la Fundación Biodiversidad [7], la biodiversidad incluye todas y cada una de las especies que cohabitan con nosotros en el planeta, sean animales, plantas, virus o bacterias, los espacios o ecosistemas de los que forman parte y los genes que hacen a cada especie, y dentro de ellas a cada individuo, diferente del resto.

De acuerdo con el *Informe Planeta Vivo de WWF* [8], nuestra salud, alimentos y seguridad dependen de la biodiversidad. Desde los tratamientos médicos hasta la producción de alimentos, la biodiversidad es crítica para la sociedad y el bienestar de las personas. Toda nuestra actividad económica depende en último término de la naturaleza. Se estima que a escala mundial, la naturaleza proporciona servicios valorados en unos 125 billones de dólares al año.

---

7. https://fundacion-biodiversidad.es/es/que-hacemos/que-es-la-biodiversidad

8. WWF. 2018. Informe Planeta Vivo - 2018: Apuntando más alto. Grooten, M. y Almond, R.E.A. (Eds). WWF, Gland, Suiza.

A continuación, algunos datos impactantes destacados por la ONU [9] que nos ayudarán a tomar conciencia de la importancia del deterioro de los ecosistemas y la pérdida de biodiversidad:

Deforestación

- Alrededor de 1.600 millones de personas dependen de los bosques para su sustento, incluidos 70 millones de personas indígenas.

- Los bosques albergan a más del 80% de todas las especies terrestres de animales, plantas e insectos.

- Entre 2010 y 2015, el mundo perdió 3,3 millones de hectáreas de áreas forestales. Las mujeres rurales pobres dependen de los recursos comunes y se ven especialmente afectadas por su agotamiento.

Desertificación

- 2.600 millones de personas dependen directamente de la agricultura, pero el 52% de la tierra utilizada para el cultivo se ve moderada o severamente afectada por la degradación del suelo.

---

9. https://www.un.org/sustainabledevelopment/es/biodiversity/

- La pérdida de tierras cultivables se estima en 30 a 35 veces la tasa histórica. Debido a la sequía y la desertificación, se pierden 12 millones de hectáreas cada año. En un año, podrían haberse cultivado 20 millones de toneladas de grano.

- El 74% de los pobres se ven directamente afectados por la degradación de la tierra a nivel mundial.

Biodiversidad

- La caza furtiva y el tráfico ilícito de vida silvestre continúan frustrando los esfuerzos para su conservación, casi 7.000 especies de animales y plantas fueron denunciadas como parte del comercio ilegal en 120 países.

- De las 8.300 razas de animales conocidas, el 8% está extinto y el 22% está en peligro de extinción.

- Los peces proporcionan el 20% de las proteínas animales a unos 3.000 millones de personas. Solo diez especies representan alrededor del 30% de la pesca de captura marina y otras diez componen alrededor del 50% de la producción acuícola.

Escasez del agua

Se estima que del agua existente en el planeta, solo apenas el 1% del agua es potable, el 96% es el agua salada que se encuentra en los mares y el 3% restante es el agua que se encuentra en los polos en forma de hielo.

El agua es un elemento de vital importancia para la supervivencia de los seres vivos que habitamos el planeta. Además de utilizarla para hidratarnos, también nos servimos del agua para muchos quehaceres de nuestro día a día, como el riego de cosechas, en la industria, o la que usamos en el ámbito doméstico.

El gran aumento del consumo de agua dulce como recurso natural se ha convertido en las últimas décadas en un grave problema.

Se espera que para el 2050 al menos un 25% de la población mundial viva en un país afectado por escasez crónica de agua dulce. La sequía afecta a algunos de los países más pobres del mundo recrudeciendo el hambre y la desnutrición.

A continuación, algunos de los datos destacables por la ONU [10] que nos ayudarán a tomar conciencia del problema de escasez de agua:

---

10. https://www.un.org/sustainabledevelopment /es/water-and-sanitation/

- 3 de cada 10 personas carecen de acceso a servicios de agua potable seguros y 6 de cada 10 no disfrutan de instalaciones de saneamiento gestionadas de forma segura.

- La escasez de agua afecta a más del 40% de la población mundial y se prevé que este porcentaje aumente. Más de 1700 millones de personas viven actualmente en cuencas fluviales en las que el consumo de agua supera la recarga.

- 4 mil millones de personas carecen de acceso a servicios básicos de saneamiento como retretes o letrinas.

- Aproximadamente el 70% de todas las aguas extraídas de los ríos, lagos y acuíferos se utilizan para el riego.

- Las inundaciones y otros desastres relacionados con el agua representan el 70% de todas las muertes relacionadas con desastres naturales

¿Qué nos ha llevado a esta situación?

Está claro que no podemos continuar dañando el plantea de la forma que lo hemos estado haciendo hasta ahora. La necesidad de un cambio es imprescindible. Podríamos quedarnos en la crítica o las lamentaciones, pero lo que necesitamos es ponernos manos a la obra para conseguir un desarrollo económico que tenga en cuenta que disponemos de recursos naturales limitados, que no podemos seguir generando más gases de efecto invernadero de los que puedan ser absorbidos de forma natural y que no debemos seguir generando y gestionando residuos de la forma que lo hemos hecho hasta ahora.

Analizar algunas de las causas que han provocado el deterioro del planeta nos ayudará a entender qué podemos mejorar.

Las instituciones por supuesto juegan un papel muy importante, pero no podemos dejar el problema exclusivamente en que nos impongan un cambio, deberíamos de analizar qué papel han tenido las empresas y las personas en el deterioro del planeta.

Economía lineal

La tradicional economía lineal se basa en un sistema de producción eficiente en el sentido económico, ya que cumple con la satisfacción de las necesidades de las personas. Desde la *Revolución Industrial,* la misión de las empresas ha sido ser lo más eficientes posible para satisfacer la demanda y obtener el mayor beneficio económico posible de su actividad. El inconveniente que tiene este tipo de economía es que no ha tenido en consideración el impacto que su actividad pudiese tener en el medio ambiente o la sociedad.

El sistema está basado en **"tomar, producir, desechar"**, consumiendo grandes cantidades de energía y de materias primas que se utilizan, en general, una sola vez generando desechos que no se transforman o reciclan.

Se ha dado por hecho que los recursos son inagotables, no importa la cantidad de energía que se consume ni su procedencia y se pretende que los desechos generados sean absorbidos por los vertederos.

La economía lineal ha tenido por tanto un gran impacto en la generación de residuos y en el consumo de energías contaminantes y de recursos naturales.

La globalización

La globalización ha aportado numerosos beneficios a la sociedad. Una de las principales ventajas de la globalización es la considerable mejora del nivel de vida en los países en desarrollo. Según el Banco Mundial [11], la pobreza extrema se ha reducido en casi un 36 % desde 1990, pero no podemos olvidar que la globalización también tiene sus desventajas.

La globalización ha permitido a las empresas de los países desarrollados desplazar sus centros de producción a países con mano de obra más barata, rebajando considerablemente los costes de producción.

El abaratamiento de los costes de producción en países en vías de desarrollo se debe a que en ellos no hay que cumplir las estrictas regulaciones ambientales y de empleo que existen en los países desarrollados.

En los países desarrollados, las empresas deben cumplir con una legislación que limita la emisión de gases de efecto invernadero y obliga a una gestión de residuos correcta. En países en vía de desarrollo, las empresas no deben cumplir con tantos requisitos medioambientales para poder llevar a cabo una actividad. Por tanto, cuando fabricamos en países donde la protección medioambiental no está regulada, las empresas tienen un impacto negativo mayor que en los países desarrollados.

11. https://www.worldbank.org/en/topic/poverty/overview

Por ejemplo, en Europa las curtidoras de piel están sujetas a medidas estrictas para el vertido de aguas residuales que en la mayor parte de los casos contiene parte del cromo que se utiliza para curtir la piel. En los países en vías de desarrollo, las aguas residuales generadas durante el proceso de curtido son vertidas en los ríos sin ningún tipo de control contaminando y dañando seriamente los ríos.

En materia laboral, en los países desarrollados los trabajadores cuentan con derechos y con condiciones de seguridad con las que no se cuentan en países en vías de desarrollo en los que las empresas no están obligadas en muchos casos a cubrir bajas por enfermedad o vacaciones dando lugar en algunos casos a la explotación incluso de menores.

La globalización ha permitido por tanto que las empresas puedan hacer en otros lugares cosas que están prohibidas en sus países de origen. Asimismo, la globalización con su modelo de *low cost* ha **aumentado el consumo** a nivel global, tanto en los países ricos como en los países en desarrollo con la nueva clase media. Este mayor consumo ha aumentado por un lado la explotación de recursos naturales y el aumento de la generación de residuos. Además, cada día es más difícil competir con los países con mano de obra barata y legislaciones laxas en protección ambiental y de los trabajadores, lo que provoca que a medio plazo los países desarrollados cierren sus industrias. Por último, fabricar productos a miles de kilómetros de donde se consumen, genera una gran cantidad de gases de efecto invernadero, por tanto, la globalización también ha favorecido al cambio climático.

El *low cost*: hiperconsumo y otras consecuencias

Indudablemente el *low cost* o "bajo coste" ha tenido un papel muy importante en la situación insostenible a la que hemos llegado, sobretodo en lo que se refiere a la generación de residuos.

Desde el punto de vista social, debemos también tener en cuenta que el *low cost* se ha conseguido principalmente debido a las condiciones laborales y de seguridad precarias de los trabajadores.

Incremento exponencial del consumo

Con la explosión de la oferta *low cost*, muchos productos y servicios han pasado a ser accesibles para muchas más personas tanto en los países desarrollados como en los países en vías de desarrollo, lo que ha incrementado considerablemente el consumo. En ocasiones, el precio es tan bajo que nos incita a comprar productos de forma compulsiva que no necesitamos y que acaban en la basura o acumulándose en un armario sin apenas haberse utilizado.

En el caso de los servicios, también se produce un incremento exponencial en el consumo pudiendo ocasionar daños al medio ambiente. Por ejemplo, las compañías aéreas de bajo coste cuentan con tarifas tan económicas que han aumentado considerablemente los viajes que un ciudadano podía permitirse, lo que ha llevado a un incremento en el número de aviones y vuelos, incrementado en consecuencia de forma espectacular las emisiones de CO_2 en nuestra atmosfera.

Reducción de la vida útil

Para poder conseguir un precio bajo, es necesario en la mayor parte de los productos **reducir la calidad** de los mismos, lo que nos lleva a consumir productos con una vida útil muy corta, ya que se estropean o rompen en un espacio de tiempo menor que productos de calidad, convirtiéndose en residuos en un corto espacio de tiempo.

Por ejemplo, cuando compramos una prenda de vestir por un coste bajo, por un lado, no valoramos la prenda, no la cuidamos ni la utilizamos porque tiene un valor bajo. Por otro lado, si la prenda se rompe o simplemente no nos apetece ponérnosla la tiramos, ya que cuesta más arreglarla que lo que nos ha costado comprarla.

Condiciones laborales precarias

Para conseguir un bajo coste, es necesario fabricar en países en vías de desarrollo donde los sueldos son más bajos, en parte debido por el cambio de moneda, pero también debido a que las condiciones laborales y de seguridad en las que se trabajan no tienen nada que ver con las exigidas en los países desarrollados. En muchas ocasiones no solo los trabajadores desempeñan sus labores bajo condiciones laborales pésimas, sino que hasta llegan a poner en riesgo sus vidas.

Un ejemplo que abrió los ojos al mundo tuvo lugar en 2013 en el derrumbe del Edificio Rana Plaza en Bangladés, donde más de mil personas perdieron la vida como consecuencia de obligar a los trabajadores a trabajar pese a las graves grietas que habían aparecido el día anterior en el edificio.

En definitiva, el *low cost* impulsa un tipo de consumo inconsciente y compulsivo que no tiene en cuenta ni la calidad, ni los daños ocasionados al medio ambiente, ni bajo qué condiciones laborales se han obtenido los servicios y productos que se consumen.

El factor decisivo de compra de productos o servicios a bajo coste es el precio sin importar lo que hay que hacer para obtenerlos.

Crecimiento poblacional

Según la ONU [12], en 2019 se estima que la población mundial del planeta era de 7.700 millones de habitantes frente a los 2.600 millones que se calcularon en 1950. En 2050 podemos llegar a los 9.700 millones, pudiéndose alcanzar cerca de 11.000 millones para 2100.

---

12. https://www.un.org/es/sections/issues-depth/population/index.html

Del total de la población mundial, alrededor del 61 % vive en Asia, el continente más poblado. Solo China e India representan el 37% de la población mundial con 1.440 millones de habitantes en China y 1.390 millones en India.

El espectacular crecimiento de la población ha sido propiciado por varios factores:

- **La medicina:** la *Revolución Industrial* trajo consigo también la revolución médica. La medicina ha permitido vencer enfermedades que hasta entonces habían sido mortales. La invención de las vacunas y el descubrimiento de antibióticos como la penicilina salvaron miles de vidas disminuyendo el índice de mortalidad. Al descender el número de muertes y mantenerse el de nacimientos, la población aumentó.

- **Mejoras en la producción de alimentos**: la investigación científica y mejoras tecnológicas permitieron mejorar la producción agrícola. Las mejoras en las técnicas de pesca y ganadería también contribuyeron a disponer de más alimentos con los que alimentar a la población.

Concentración urbana

En algunos países, el impacto de las migraciones y acumulación de la población en las ciudades ha sido muy relevante. Las ciudades representan menos del 3 % de la superficie de la tierra, pero actualmente concentran más de la mitad de la población mundial. Aunque las ciudades son un motor del crecimiento económico, consumen más de dos tercios de la energía y emiten más del 70 % de los gases de efecto invernadero a nivel global.

El aumento de la población conlleva las siguientes consecuencias:

- **Agotamiento de los recursos naturales**: el principal efecto de la superpoblación es el consumo desmedido de recursos que provoca el agotamiento de los mismos.

- **Degradación del medioambiente:** el aumento de la población y la concentración en zonas urbanas ha aumentado el consumo de energía procedente del carbón, el petróleo y el gas natural, generando una gran cantidad de gases de efecto invernadero. La superpoblación también provoca deforestación y desertización, lo que implica desaparición de especies animales y vegetales.

- **Aumento del coste de la vida**: pocos recursos, escasez de agua, acumulación de mucha gente en un espacio limitado y falta de dinero provoca una aumento en el coste de la vida que no está al alcance de toda la población.

- **La despoblación de las zonas rurales**: paradójicamente, los desplazamientos de personas de zonas rurales a urbana provoca que muchas zonas rurales se estén despoblando. Genera que existan cada vez más infraestructuras infrautilizadas por culpa de las migraciones en esas áreas rurales y una naturaleza, antes domesticada, cuyo ecosistema empeora ahora sin el cuidado del ser humano.

Si la población sigue aumentando y concentrándose en zonas urbanas consumiendo de la forma que hemos estado consumiendo, el planeta no va a poder ofrecernos los recursos necesarios y nos vamos a encontrar con un medio ambiente degradado con zonas que pueden llegar a ser inhabitables.

Obsolescencia programada

Muchas empresas diseñan sus productos de modo que estos tengan una vida útil muy corta, tras la cual se volverán obsoletos e inútiles, haciendo que el consumidor se vea obligado a comprar un nuevo producto igual o similar. A esta práctica se la conoce como obsolescencia programada.

La obsolescencia programada **asegura una gran demanda**, por lo tanto las empresas tienen más beneficios y una oferta continua.

Tenemos **tres tipos de obsolescencia:**

- **Obsolescencia de función**: este tipo de obsolescencia se da cuando sale a la venta un producto más avanzado. Según la Asociación Internacional de consumidores [13], algunos fabricantes han llegado a restringir la capacidad del consumidor de reparar sus productos utilizando cerrojos digitales, utilizando tornillos incompatibles o incluso rechazando dar acceso a los manuales de reparación.

- **Obsolescencia de calidad**: en este tipo de obsolescencia el producto después de tener cierto tiempo de uso empicza a presentar fallos y un mal funcionamiento. Por ejemplo, en España se ha denunciado que las bombillas LED cuando llegan a unas horas de iluminación dejan de funcionar. Asimismo, es un hecho que muchas marcas rebajan los costes de producción de sus artículos para conseguir hacerlos más asequibles al consumidor, reduciendo también su calidad.

- **Obsolescencia de deseo**: ocurre cuando sale a la venta un producto más avanzado y las personas cambian el que ya tienen solo por cuestiones de estilo o moda. En la industria de la moda, por ejemplo, es una práctica habitual poner de moda una prenda durante unos meses, pasando al poco tiempo a poner de moda otra, haciendo que los consumidores se sientan incómodos con la prenda anterior.

---

13. https://www.consumersinternational.org/news-resources/blog/posts/built-to-fail-is-planned-obsolescence-really-happening/

La obsolescencia programada impacta en el consumidor de manera económica y de manera psicológica, consiguiendo que consuma productos que realmente no necesita haciéndole entrar en un ciclo de **comprar, usar y tirar**.

La obsolescencia programada y la generación de residuos

La obsolescencia programada consigue que adquiramos productos que realmente no necesitamos para tener una buena calidad de vida.

Por otro lado, la vida útil de productos ha sido reducida, lo que hace que los desechemos más rápido. En consecuencia, generemos más residuos a más velocidad, algunos de ellos muy contaminantes como las baterías o dispositivos electrónicos difíciles de reciclar.

En definitiva, es una práctica deshonesta que ha ayudado a generar un crecimiento económico exponencial pero que ha causado una utilización de recursos y una generación de residuos innecesaria. Para el desarrollo económico es necesario consumir, pero el planeta no cuenta con los recursos suficientes como para producir y consumir productos que realmente no necesitamos.

Plásticos de un solo uso

Sabemos que los plásticos dañan el medio ambiente. A continuación, algunos de los inconvenientes del uso del plástico:

- Durante la fabricación de los productos plásticos se contamina.

- Su porcentaje en volumen es elevado, lo que supone un problema de espacio tanto en contenedores como en vertederos.

- Una vez que han sido reciclados, no se pueden utilizar para envasar productos de consumo humano.

- Existen gran cantidad de plásticos que actualmente no se pueden reciclar.

- Si se mezclan distintas familias de plásticos para reciclarlos se obtiene un producto de baja calidad.

Si son tan perjudiciales para el medio ambiente, ¿por qué utilizamos entonces tantos plásticos? Esto es porque el plástico cuenta con muchos beneficios:

» Es muy ligero.

» Es fácilmente moldeable.

» Puede ser un material aislante.

» Es resistente a la corrosión y a los ataques de distintos agentes químicos.

Estos beneficios han hecho que el plástico esté presente en muchos productos que nos rodean a diario, pero sobretodo hay algo que hace que lo utilicemos con mucha frecuencia: su **bajo precio**. Una vez más el bajo coste nos hace consumir productos que sabemos que no son buenos para el medio ambiente.

El plástico es tan económico que se utiliza para muchas aplicaciones de un solo uso:

- Bolsas.

- Tenedores, cuchillos y cucharas.

- Palillos mezcladores.

- Platos.

- Bastoncillos o hisopos de algodón.

- Globos y varillas para globos.

- Vasos y sus tapas.

- Pajitas.

Este uso de usar y tirar ha generado un incremento exponencial de la fabricación de este tipo de plástico llegando a alcanzar una cifra anual de 400 millones de toneladas producidas.

La producción de grandes cantidades de plásticos ocasiona por un lado contaminación del aire por la emisión de gases de efecto invernadero durante su fabricación y por otro lado ha generado una cantidad de residuos difícil de gestionar. La gran mayoría de estos plásticos no se reciclan y acaban en un vertedero o en el medio ambiente.

La innovación como parte de la solución

Una vez que hemos visto el daño que le estamos ocasionando al planeta y analizado algunas de las causas que nos han llevado hasta aquí, debemos de mirar hacia el futuro y buscar fórmulas para poder afrontar los retos que se presentan para conseguir un desarrollo económico que no siga dañando nuestro planeta.

Afortunadamente, desde hace años, instituciones y empresas han tomado conciencia del problema y han desarrollado soluciones para conseguir un desarrollo económico que no dañe el medio ambiente y que contribuya a un desarrollo social justo.

Energías renovables

El sector de la **energía es el responsable de más del 80% de las emisiones de gases** de efecto invernadero, principalmente debido a la combustión combustibles fósiles como el carbón, el petróleo y el gas.

La utilización de combustibles fósiles para generar energía, además de contribuir a la generación de gases de efecto invernadero, tiene otro gran inconveniente: los combustibles fósiles son recursos naturales limitados.

Según el *World Energy Outlook 2019* [14], de la Agencia Internacional de la Energía (IEA), el incremento en la movilidad eléctrica, la calefacción eléctrica y el acceso a la electricidad podría conducir a un aumento de la demanda de electricidad del 90% de aquí a 2040.

Teniendo en cuenta el aumento de la demanda de electricidad y que tenemos dependencia de recursos naturales finitos para generarla, es necesario conseguir energía limpia que no genere residuos y que sea ilimitada.

Las fuentes de energías renovables se presentan como una gran solución a la demanda y al problema medioambiental por las siguientes razones:

• No generan residuos.

• Son fuentes de energía ilimitadas o inagotables.

• Son autóctonas.

A continuación, algunas de las fuentes de energías renovables que ya están generando energía:

14. https://www.eia.gov/outlooks/ieo/pdf/ieo2019.pdf

La energía solar

Se trata de la energía obtenida directamente del Sol. En función del mecanismo de aprovechamiento que se utilice se podrá obtener calor o electricidad.

» La **energía solar fotovoltaica:** se trata del aprovechamiento de la energía que procede del Sol y su transformación en energía eléctrica. La corriente eléctrica producida podrá ser directamente consumida, almacenarse en baterías o acumuladores o adaptarse para su incorporación a la red eléctrica.

» La **energía solar térmica:** consiste en aprovechar la energía que se recibe del Sol para la obtención de calor, pudiéndose utilizar para climatizar edificios, producir agua caliente o para aplicaciones industriales.

» La **energía solar termoeléctrica:** en las centrales termosolares se calienta un fluido que genera vapor de agua a presión que produce electricidad que se puede introducir en la red eléctrica.

La energía eólica

Consiste en aprovechar la energía del viento, por medio de los denominados aerogeneradores o molinos. El aerogenerador es el elemento principal de este sistema de energía renovable, siendo el más común el que convierte la energía del movimiento del aire en energía eléctrica que finalmente se transmite a la red eléctrica.

Otros tipos de fuentes de energía renovable.

La biomasa.

Se trata de las fracciones biodegradables de productos o residuos de origen biológico procedentes de actividades agrarias y pesqueras, de la selvicultura y de la fracción orgánica de residuos industriales y de los municipios.

Los biocarburantes.

Los biocarburantes son combustibles de origen renovable que podrán utilizarse como sustitutivos o aditivos de los combustibles tradicionales como gasolinas y gasóleos. Se destacan dos tipos de biocarburantes:

» **Biodiésel:** producido a partir de aceites y grasas de origen vegetal y animal que se transforman en un carburante similar al gasóleo.

» **Bioetanol:** alcohol de origen vegetal obtenido a partir de la fermentación de sustancias azucaradas.

La energía geotérmica.

Es un tipo de energía renovable que almacena el interior terrestre en forma de calor. A diferencia de la mayoría de las fuentes de energía renovables, la geotérmica no depende del clima, ni del viento ni de la radiación del Sol, sino que radica en la diferencia de temperatura que existe entre el interior de la tierra y su superficie. Por tanto está disponible 24 horas al día 365 días al año.

La energía hidroeléctrica o hidráulica.

Consiste en aprovechar la energía potencial del agua para producir energía eléctrica. Para aprovechar dicha fuerza, se construyen grandes infraestructuras hidráulicas capaces de extraer el máximo potencial de este recurso renovable, libre de emisiones y autóctono.

Las energías marinas.

Se aprovecha la fuerza del mar para generar energía. El aprovechamiento de la energía marina no genera impactos ambientales ni visuales considerables y constituye un recurso energético con gran capacidad de predicción.

Objetivos energéticos europeos

La Comisión Europea presentó en noviembre del 2016 el paquete *Energía Limpia para todos los europeos* [15], cuyas propuestas y medidas tienen como finalidad acelerar la transición energética hacia una energía limpia en línea con el cumplimiento de los objetivos establecidos en el *Acuerdo de París 2015* contra el cambio climático, manteniendo a la vez un sistema energético seguro y competitivo que permita la entrega de energía al consumidor a precios asequibles, favoreciendo el crecimiento y la creación de empleo.

A continuación, los objetivos marcados por la Unión Europea para la implementación de fuentes de energía renovable y reducción de los gases de efecto invernadero:

15. https://op.europa.eu/es/publication-detail/-/publication/b4e46873-7528-11e9-9f05-01aa75ed71a1/

Objetivos 2020	*20%* reducción de emisiones de GEI frente a niveles de 1990.
	20% de energías renovables en la UE
	20% de mejora de la eficiencia energética.
Objetivos 2030	*40%* reducción de emisiones de GEI frente a niveles de 1990.
	32% de energías renovables en la UE.
	32,5% de mejora de la eficiencia energética.
	15% para interconexiones eléctricas.
Objetivos 2050	*85-90%* reducción de emisiones de GEI frente a niveles de 1990.

Se estima que las energías renovables representan ya el 49,3% de la capacidad de generación total en España, que cuenta con más de 108.000 megavatios.

Economía circular, la alternativa a la economía lineal

El presente modelo de economía lineal de "tomar, producir, desechar" no es sostenible. Queda patente que de seguir con este tipo de economía vamos a dejar a las futuras generaciones un planeta con escasos recursos naturales, deteriorado por los residuos, la contaminación y el cambio climático.

La **economía circular** se presenta como una alternativa a la economía lineal con un modelo que redefine el crecimiento económico, partiendo del hecho de que no contamos con recursos infinitos y que debemos eliminar los residuos y las emisiones de gases de efecto invernadero.

La economía circular promueve la **mínima extracción de recursos naturales** y la **minimización de residuos generados** utilizando **fuentes de energía renovables.**

La economía circular se presenta como un sistema de aprovechamiento de recursos donde prima la reducción de los elementos: **minimizar la producción** al mínimo indispensable, y cuando sea necesario hacer uso del producto, apostar por la reutilización de los elementos que por sus propiedades no pueden volver al medio ambiente.

Principios de la economía circular

Existen diez **rasgos** que definen cómo debe funcionar la economía circular:

- **El residuo se convierte en recurso:** es la principal característica. Todo el material biodegradable vuelve a la naturaleza y el que no es biodegradable se reutiliza.

- **El segundo uso:** reintroducir en el circuito económico aquellos productos que ya no corresponden a las necesidades iniciales de los consumidores.

- **La reutilización:** reusar ciertos residuos o ciertas partes de los mismos que todavía puedan funcionar para la elaboración de nuevos productos.

- **La reparación:** encontrar una segunda vida a los productos estropeados.

- **El reciclaje:** utilizar los materiales que se encuentran en los residuos.

- **La valorización:** aprovechar energéticamente los residuos que no se pueden reciclar.

- **Economía de la funcionalidad:** la economía circular propone eliminar la venta de productos en muchos casos para implantar un sistema de alquiler de bienes. Cuando el producto termina su función principal, vuelve a la empresa, que lo desmontará para reutilizar sus piezas válidas.

- **Energía de fuentes renovables:** eliminación de los combustibles fósiles para producir el producto, reutilizar y reciclar.

- **La eco-concepción:** considera los impactos medioambientales a lo largo del ciclo de vida de un producto y los integra desde su concepción.

- **La ecología industrial y territorial:** establecimiento de un modo de organización industrial en un mismo territorio caracterizado por una gestión optimizada de los stocks y de los flujos de materiales, energía y servicios.

Estrategia Española de economía circular

La *Estrategia Española de Economía Circular*[16], *España Circular 2030*, sienta las bases para impulsar un nuevo modelo de producción y consumo en el que el valor de productos, materiales y recursos se mantengan en la economía durante el mayor tiempo posible, en la que se reduzcan al mínimo la generación de residuos y se aprovechen con el mayor alcance posible los que no se pueden evitar. La estrategia contribuye así a los esfuerzos de España por lograr una economía sostenible, descarbonizada, eficiente en el uso de los recursos y competitiva.

16. https://www.miteco.gob.es/es/calidad-y-evaluacion-ambiental/temas/economia-circular/estrategia/

La *Estrategia Española de Economía Circular* (EEEC) se alinea con los objetivos de los dos planes de acción de economía circular de la Unión Europea, *Cerrar el círculo: un plan de acción de la UE para la economía circular* de 2015 y *Un nuevo Plan de Acción de Economía Circular para una Europa más limpia y competitiva* de 2020, además de con el *Pacto Verde Europeo* y la *Agenda 2030 para el desarrollo sostenible*.

El papel de las nuevas tecnologías: *Smart Cities*

Actualmente más de la mitad de la población mundial se concentra en las ciudades consumiendo más de dos tercios de la energía y emitiendo más del 70 % de los gases de efecto invernadero a nivel global.

Se prevé que en el 2050, un 80% de la población mundial vivirá en ciudades.

Las ciudades se enfrentan a los siguientes retos durante las próximas décadas:

- El abastecimiento energético.

- Las emisiones de CO_2.

- La planificación del tráfico automovilístico.

- La provisión de bienes y materias primas.

Gracias a las Tecnologías de la Información y de la comunicación (TIC), nace una solución para que las ciudades puedan hacer frente a los retos a los que se tienen que enfrentar: *Smart City* o ciudad inteligente.

Según la ITU (Unión Internacional de Telecomunicaciones), los recientes adelantos en la tecnología de Internet de las cosas (IoT), la inteligencia artificial (IA) y las redes y contadores eléctricos inteligentes están impulsando y apoyando el desarrollo de ciudades inteligentes sostenibles en todo el mundo.

Internet of things, que consiste en la red en rápida expansión de dispositivos con sensores y programas informáticos integrados que se conectan entre sí y comparten datos, permite que miles de millones de dispositivos y objetos equipados con sensores inteligentes se conecten entre sí, recopilen información en tiempo real y envíen estos datos a través de una comunicación inalámbrica a sistemas de control centralizados. Estos, a su vez, gestionan el tráfico, reducen el consumo de energía y mejoran muy diversas operaciones y servicios urbanos.

La **inteligencia artificial** permite analizar enormes conjuntos de datos para revelar patrones que luego se emplean para informar y mejorar la toma de decisiones municipales.

Las **redes eléctricas inteligentes**, es decir, las redes de suministro eléctrico que utilizan tecnología de comunicación digital para detectar y reaccionar a las variaciones de consumo locales, ayudan a optimizar el consumo de energía en las ciudades. Los contadores y sensores inteligentes, equipados con direcciones de protocolo de Internet, pueden comunicar al proveedor de energía información sobre el consumo del usuario final, dando a este último un mayor control sobre su consumo.

A continuación se dan algunos ejemplos que propone ITU de cómo las TIC están ayudando a construir ciudades inteligentes y sostenibles:

» En Singapur, los sensores y cámaras se basan en el sistema digital existente municipal y permiten al gobierno evaluar el rendimiento y la eficiencia del flujo de tráfico e identificar problemas tales como baches e irregularidades en la línea de autobuses, así como delincuentes. Por ejemplo, para reforzar la seguridad en los espacios públicos, la ciudad ha instalado más de 62.000 cámaras policiales en edificios de viviendas y aparcamientos públicos.

» Copenhague (Dinamarca) ha mejorado su alumbrado público con lámparas eficientes conectadas a través de una red inalámbrica. Las farolas inteligentes ahorran costes porque pueden programarse para que se atenúen o se iluminen automáticamente, optimizando así el consumo de energía y reduciendo el riesgo de delitos y accidentes de tráfico.

» São Paulo (Brasil) ha desarrollado una solución para estimar y predecir la calidad del aire utilizando análisis de IA y macrodatos. Los datos agregados y anónimos obtenidos de la red móvil se combinan con datos de los sensores meteorológicos, de tráfico y de contaminación. Esto ayuda a calcular los niveles de contaminación con 24 a 48 horas de anticipación, ayudando a los legisladores, los municipios y los gobiernos a tomar medidas para prevenir muertes y enfermedades, por ejemplo, desviando tráfico antes de que se alcancen los puntos álgidos de contaminación del aire.

En España, se ha creado un *Plan Nacional de Ciudades Inteligentes*, el cual recoge diversas acciones encaminadas a impulsar la industria tecnológica de las ciudades inteligentes y a ayudar a las entidades locales en los procesos de transformación hacia ciudades y destinos inteligentes.

El objetivo último del *Plan de Ciudades Inteligentes* es contribuir al desarrollo económico, "maximizando el impacto de las políticas públicas en TIC para mejorar la productividad y la competitividad y transformar y modernizar la economía y sociedad española mediante un uso eficaz e intensivo de las TIC por la ciudadanía, empresas y administraciones", según recoge la *Agenda Digital para España*.

Ejemplo de *Smart City* en España

España ha tomado cartas en el asunto respecto a los problemas medio ambientales y muchas de las principales ciudades ya están inmersas en una **transformación digital** a favor de los **ODS** y la Agenda 2030. En este aspecto,

Barcelona ha implantado una **red de sensores** para regular el riego en función de las previsiones de temperatura y precipitaciones, consiguiendo un ahorro considerable tanto en costes como en implicaciones medioambientales.

Otro buen ejemplo lo encontramos en **Madrid**, ciudad que ha apostado por el control de la calidad de circulación de las personas, aplicando sensores de flujo de peatones detectando aglomeraciones en determinadas zonas.

Valencia, por su parte, ha presentado *App Valencia*, una aplicación gratuita que ofrece a los ciudadanos información de la ciudad en tiempo real.

Empresas con propósito

Las organizaciones, han estado clasificadas hasta hace poco en tres sectores:

- **Primer sector**: formado por **empresas privadas** con ánimo de lucro.

- **Segundo sector**: también llamado **sector público**, engloba todas las instituciones que pertenecen al Estado.

- **Tercer sector**: agrupa a todas las **entidades sin ánimo de lucro** en las que los beneficios no se distribuyen a sus propietarios o accionistas sino que se invierten en seguir cumpliendo sus objetivos.

Estos sectores fueron descritos cuando se asumía que los recursos naturales eran ilimitados y no se medía el impacto de las organizaciones en el medio ambiente o en la sociedad. La necesidad de un cambio hacia un desarrollo sostenible ha dado lugar a un nuevo sector: **el cuarto sector.**

El cuarto sector es un sector emergente en la economía formado por una nueva generación de organizaciones que van mucho más allá del beneficio económico. Son entidades que tienen el objetivo de atajar los problemas medioambientales y sociales de nuestro tiempo valiéndose de la fuerza del mercado: las empresas por el **triple balance.**

Las empresas por el triple balance trabajan para que sus tres dimensiones: la económica, la ecológica y la social, estén equilibradas.

» **La dimensión económica** busca rentabilidad económica que permita a la empresa ganar solidez, innovar y diversificar.

» **La dimensión ecológica** contribuye a crear un modelo de empresa sostenible.

» **La dimensión social** trata de impactar positivamente en la sociedad cuidando a los clientes, trabajadores y proveedores.

Ejemplos de empresas de triple balance

Conecta MovEL

Es una cooperativa de consumidores para compartir vehículos eléctricos a la carta. Con estructura de red multinodal basada en grupos locales para llegar hasta los municipios más pequeños y al usuario menos estándar. Solución de máxima flexibilidad, coordinada por los propios socios según sus necesidades reales basada en *app-pasarela-servidor* donde se define para cada vehículo el uso que se le dará: quién, cómo y a qué precio. La flota de vehículos consta de vehículos propiedad de la cooperativa, vehículos cedidos para su uso por algún socio y vehículos cuya propiedad ostenta en un porcentaje la cooperativa y en otro porcentaje uno o más socios.

The Circular Project Shop

The *Circular Project Shop* es el primer espacio de Madrid especializado en la comercialización y difusión de la moda sostenible y ética. Con su nombre alude a la economía circular, pues buscamos una moda cuyos materiales al final de su vida se puedan integrar de nuevo en la naturaleza, reutilizarse, reciclarse u optimizarse.

Es un proyecto que se enmarca dentro de la economía del bien común, la cual busca contagiar las ganas del trabajo colaborativo y concienciar con el medio a través de la moda.

En su espacio conviven marcas unidas por las ganas de transformar la industria hacia un modelo sostenible y más respetuoso con las personas y su entorno que además han sido homologadas para ofrecer al cliente todas las garantías del comercio justo.

#PasaijeSostenido

#PaisajeSostenido es una empresa que tiene como objetivo conectar a las personas con su hábitat natural. Un *#PaisajeSostenido* es perdurable en el tiempo, es un icono vivo que evoluciona y al mismo tiempo nos lleva al cumplimiento del triple balance aportando beneficios en el campo social, ecológico y económico. Como beneficios que destacamos de un *#PaisajeSostenido* son su capacidad de absorber CO_2, la humidificación de espacios, la compensación y aislamiento térmico y sonoro, la rebaja el nivel de ruido y de estrés; es único, no hay dos iguales, y no ocupa espacio, por lo que no reduce el aforo ni el espacio disponible para cualquier otra actividad, nos aporta el orgullo de contribuir al cambio de nuestro entorno naturalizando espacios que antes eran fríos y agresivos yconvirtiéndolos en lugares cálidos y amables.

Economía del bien común

La economía del bien común es un modelo económico que nace en el 2010 en Austria de la mano del profesor de economía y activista Christian Felber con el fin de medir la contribución al bien común por parte de la economía y las organizaciones.

La diferencia con los modelos anteriores estriba en que las empresas no se esfuerzan por competir entre ellas para obtener más beneficio económico, sino que **cooperan para conseguir el mayor bien común** para la sociedad en su conjunto.

Los principales valores sobre los que se asienta el modelo son:

- Dignidad humana.

- Solidaridad.

- Sostenibilidad ecológica.

- Justicia social.

- Democracia.

Este nuevo modelo busca frenar la desigualdad social, la destrucción medioambiental y la pérdida de sentido y democracia.

Según este modelo, la economía ha de estar al servicio de las personas y el dinero y el capital no han de ser un fin en sí mismo sino un instrumento. Para ello, las reglas de juego básicas del capitalismo, esto es, el afán de lucro y la competencia, se han de sustituir por la contribución al bien común y la cooperación.

En España existen ya empresas que se basan en el camino hacia la economía del bien común. *Limonium Canarias*, por ejemplo, promueve acciones y programas de turismo activo y educación ambiental basados en la sostenibilidad y la preservación de los valores naturales, sociales y patrimoniales de las Islas Canarias, todo ello desde un modelo de gestión basado en la economía del bien común y los objetivos de desarrollo sostenible (ODS).

Este tipo de emprendimiento se puede llegar a calificar de utópico, pero la realidad es que podrían ser empresas que jueguen un papel importante en el cambio, y de hecho algunas de ellas ya lo están haciendo.

¡Atención! *Greenwashing*

Las empresas están tomando conciencia de que hay cada vez más consumidores que quieren ser conscientes y responsables de lo que ha provocado, lo cual ha hecho que muchas empresas traten de mostrarse como respetuosas con el medioambiente para aumentar sus ventas.

Se entiende por *greenwashing*, o lavado verde, a la práctica que utilizan algunas empresas que venden como sostenibles productos o servicios que en realidad no lo son.

Hay que tener en cuenta que en ocasiones no es fácil distinguir si una empresa está haciendo *greenwashing*, si ha cometido un descuido o incluso carece de conocimientos o de si realmente si se está realizando un esfuerzo por ser sostenible.

Llevar a cabo *greenwashing* no siempre quiere decir mentir o engañar al consumidor, a veces simplemente consiste en ser sostenible en solo en algunos aspectos pero dar a entender al consumidor que si es completamente sostenible.

Por ejemplo, existen varias marcas de ropa que dicen ser 100% sostenibles porque utilizan materiales reciclados, pero fabrican en países asiáticos a bajo precio con condiciones laborales precarias y sin tener en cuenta la huella de carbono.

En cualquier caso, el *greenwashing* tiene un impacto negativo sobre las empresas que realmente llevan a cabo buenas prácticas de sostenibilidad, pues crean en muchos consumidores un sentimiento de desconfianza ante cualquier iniciativa sostenible.

Es importante, por tanto, diferenciar una empresa que ha nacido con el propósito de tener un impacto social y medioambiental, de aquellas empresas que utilizan un conjunto de prácticas para lavar su imagen mediante la publicidad.

Economía colaborativa

La economía colaborativa es una nueva forma de consumo basada en la idea de que para disfrutar de algo no es necesario poseerlo.

En la economía colaborativa los consumidores interactúan para satisfacer necesidades comunes. Las plataformas digitales, las redes sociales y los dispositivos inteligentes han permitido acercar a los usuarios las herramientas para dar paso a una nueva forma de vida: compartir, no poseer. La economía colaborativa permite nuevas formas de disfrutar de bienes y servicios sin ostentar necesariamente su propiedad.

Existen varios tipos de relaciones entre los usuarios que varían en función de las necesidades y los productos de intercambio, dando lugar a varios tipos de economía colaborativa:

- **Conocimiento abierto:** aquellas modalidades que promueven la difusión del conocimiento sin barreras legales o administrativas. Buenos ejemplos de esto son:

  » **Wikipedia**, como dice su fundador Jimmy Wales, es como una biblioteca o como un parque público. Es como un templo para la mente. Es un lugar al cual todos podemos ir para pensar, aprender, y compartir nuestro conocimiento con otros.

  » **Tutellus** es la plataforma colaborativa desarrollada desde España de educación online más relevante del mundo. La plataforma combina diseño, simplicidad y tecnología, obteniendo como resultado una experiencia sencilla, social y divertida. Tutellus opera en la actualidad en más de 160 países y forma una comunidad de más de 500.000 alumnos.

- **Producción colaborativa:** se refiere a estructuras profesionales en las que se establecen contactos directos entre usuarios para la gestión y elaboración compartida de proyectos, servicios o productos. Tiene una amplia aplicación en la arquitectura, el diseño y la ingeniería industrial. Buenos ejemplos de esto son:

  » **RepRap:** es una iniciativa creada con el propósito de crear una máquina de prototipado rápido libre que sea capaz de replicarse a sí misma. Una máquina de este tipo puede fabricar objetos físicos a partir de modelos generados por ordenador. De la misma manera que la impresora de un ordenador permite imprimir imágenes en dos dimensiones en papel, RepRap imprime objetos en 3D a base de plástico, permitiendo la fabricación de objetos.

- **Finanzas colaborativas:** en donde los usuarios se ponen en contacto para satisfacer necesidades a través de fuentes de financiación alternativas a la banca, tales como microcréditos, *crowdfunding*, préstamos o donaciones. Ejemplos representativos de esto pueden ser:

  » **La bolsa social:** nace con el objetivo de impulsar la financiación de empresas con potencial de crecimiento que produzcan un impacto positivo en la sociedad y el medioambiente promoviendo las finanzas éticas y democratizando la inversión de impacto. La bolsa social quiere convertirse en el mercado financiero de referencia para inversores de impacto social y empresas con valores positivos.

» **Verkami:** es un *crowdfunding* creativo comprometido y de calidad. Pioneros del *crowdfunding* en Europa, nacieron en 2010 fruto de la pasión por la creatividad, el arte y el conocimiento de un padre y dos hijos: Joan, Adrià y Jonàs Sala, un biólogo, un historiador del arte y un doctor en física. Esta empresa tiene como objetivo ayudar a artistas y creadores a hacer realidad sus proyectos y ofrecer una nueva forma de vivir y consumir cultura. Verkami es un neologismo en esperanto que significa "amante de la creación".

• **Consumo colaborativo:** uso de plataformas digitales a través de las cuales los usuarios se ponen en contacto para intercambiar bienes o servicios, en muchos casos de forma gratuita y altruista. La economía colaborativa, la cual facilita la reutilización y los servicios compartidos, puede contribuir al desarrollo sostenible por los siguientes motivos:

» Impulsa y provoca el segundo uso de los productos.

» El incremento en la utilización de los recursos como por ejemplo el conductor que comparte su vehículo con varios pasajeros con destinos próximos.

» Al compartir, se reduce la producción de algunos productos y por tanto implica una menor utilización de recursos naturales y una menor contaminación.

» Puede llegar a fomentar la cohesión social, la solidaridad y las relaciones sociales.

Ejemplos:

Blablacar: es la mayor red social de viajes de larga distancia en coche compartido con más de 85 millones de usuarios en 22 países. La red social pone en contacto a personas que quieren realizar un trayecto común y coinciden para hacerlo el mismo día. Los usuarios comparten los gastos del viaje sin obtener beneficio.

No lo tiro: es un sitio que permite a sus miembros publicar cualquier tipo de artículo que ya no estén usando y ponerlo a disposición de otros usuarios que puedan necesitarlos dándolos en forma gratuita. Los artículos que se pueden encontrar van desde muebles, hasta bicicletas, ordenadores, juguetes y prácticamente cualquier objeto y artículo que todavía tenga una importante vida útil por delante.

Las huellas que dejamos

Uno de los motivos por los que hemos causado tanto daño al medio ambiente ha sido el desconocimiento del impacto de nuestras acciones. Tanto las empresas como las personas desconocíamos que huella estábamos dejando en el planeta y en la sociedad.

 Medir nuestras huellas es el primer paso para poder reducir nuestro impacto negativo.

Existen cuatro tipos de huellas que nos ayudan a conocer el impacto de un evento, producto, servicio o persona. Asimismo, como personas existen aplicaciones que nos permiten conocer cuál es nuestra huella como individuos y qué podemos hacer para reducirla.

Huella de carbono

Se entiende como huella de carbono "la totalidad de gases de efecto invernadero emitidos por efecto directo o indirecto por un individuo, organización, evento o producto".

Las emisiones de gases de efecto invernadero asociadas a las operaciones de una organización se pueden clasificar como emisiones directas o indirectas:

- **Emisiones directas:** son emisiones de fuentes que son propiedad de o están controladas por la organización. Son emisiones liberadas en el lugar donde se produce la actividad.

- **Emisiones indirectas:** son emisiones consecuencia de las actividades de la organización, pero que ocurren en fuentes que son propiedad de o están controladas por otra organización.

Cabe también destacar las diferencias entre la huella de carbono de una organización a la de un producto:

- La huella de carbono **de una organización** mide la totalidad de los gases de efecto invernadero emitidos por efecto directo o indirecto provenientes del desarrollo de la actividad de dicha organización.

- La huella de carbono **de un producto** mide los GEI emitidos durante todo el ciclo de vida de un producto: desde la extracción de las materias primas, pasando por el procesado y fabricación y distribución, hasta la etapa de uso y final de la vida útil.

Cada vez son más las organizaciones que están empezando a medir su huella de carbono. Para ello, el Ministerio para la Transición Ecológica ha desarrollado una calculadora [17] para que las organizaciones puedan hacerlo. Esta calculadora permite estimar de manera sencilla las emisiones de gases de efecto invernadero asociadas a las actividades de una organización. La calculadora, ofrece además, la posibilidad de cuantificar la reducción de emisiones que pueda suponer la aplicación de un plan de mejora determinado, o comparar los resultados de emisiones entre años diferentes y poder analizar la evolución.

Objetivo Cero Emisiones: sumideros de carbono

La naturaleza por sí misma es capaz de absorber y capturar el dióxido de carbono (CO_2) de la atmósfera reduciendo su presencia en el aire gracias a los sumideros de carbono, que son depósitos naturales como los océanos, bosques y suelos.

Los océanos son considerados los principales sumideros de carbono naturales. Las formaciones vegetales actúan también como sumideros por su función vital principal, la fotosíntesis. Mediante esta función, los vegetales absorben CO_2 que compensa las pérdidas de este gas que sufren por la respiración.

Debido al incremento desproporcionado de las emisiones de gases de efecto invernadero, los principales sumideros de carbono tan solo son capaces de retirar el 50%.

17. https://www.miteco.gob.es/es/cambio-climatico/temas/mitigacion-politicas-y-medidas/calculadoras.aspx

La deforestación además ha provocado que muchos bosques ya no actúen como sumideros, sino como fuentes de emisiones y los océanos están gravemente afectados por la acidificación.

Una de las opciones para para reducir nuestra huella, es compensando los gases de efecto invernadero que generamos.

Existen técnicas artificiales que permiten extraer carbono de la atmósfera y almacenarlo en la corteza terrestre, pero estas tecnologías aún no han adquirido la eficiencia suficiente. Una de las mejores opciones actualmente para compensar gases de efecto invernadero es la puesta en práctica de proyectos de sumidero de carbono por reforestación.

Ser capaces de compensar los gases es importante, pero no debemos olvidar que es necesario abandonar la dependencia de los combustibles fósiles y apostar firmemente por las energías renovables y el tratamiento correcto de los residuos.

La huella ecológica

La huella ecológica es la huella que mide el impacto humano sobre el entorno. La huella ecológica de una población determinada en una herramienta que nos ayuda a analizar la demanda de naturaleza necesaria para producir los recursos que consume la población y absorber sus desechos.

Todas las decisiones que tomamos en nuestro día a día tienen un impacto sobre el planeta. Ese impacto ambiental se expresa como la cantidad de terreno biológicamente productivo que se necesita por persona para producir los recursos necesarios para mantener su estilo de vida.

Según el informe Planeta Vivo de WWF [18], la huella ecológica tiene seis componentes que se suman para dar la huella total:

- **Huella de las tierras de cultivo.** Tierra necesaria para producir alimentos y fibra destinados al consumo humano, alimentar el ganado, cultivos oleaginosos y producir caucho.

- **Huella de las tierras de pastoreo.** Pastizales para criar ganado con el fin de producir carne, alimentos lácteos, cuero y artículos de lana.

- **Huella de las zonas de pesca.** Ecosistemas de aguas marinas y continentales requeridos para generar la producción primaria anual (es decir, fitoplancton) necesaria para sostener las capturas de peces y la acuicultura.

- **Huella forestal.** Demanda de bosques para el suministro de combustibles, pulpa y productos de madera.

18. http://awsassets.wwf.es/downloads/informeplanetavivo_2016.pdf?_ga=2.9006581.1549581215.1543835349-1882119837.1543835349

- **Huella de suelo urbanizado.** Áreas biológicamente productivas utilizadas para levantar infraestructuras de transporte, vivienda y estructuras industriales.

- **Huella de carbono.** Demanda de bosque necesaria para el secuestro de carbono, excluyendo la cantidad que absorbería el océano.

Según el informe, la humanidad necesita la capacidad regenerativa de 1,6 planetas para obtener los bienes y servicios que consume cada año. Además, la huella ecológica per cápita de las naciones de altos ingresos supera la de los países de bajos y medianos ingresos (*Global Footprint Network*, 2016). Los patrones de consumo de los países con altos ingresos generan demandas desproporcionadas de recursos renovables a expensas de los habitantes y la naturaleza del resto del mundo.

Si las tendencias actuales persisten, es probable que el consumo insostenible y los patrones de producción aumenten, a la par que la población humana y el crecimiento económico, por lo que se estima que necesitaríamos 2,5 planetas para abastecernos en el año 2050, según el informe *Planeta Vivo* (2016).

Huella hídrica

La huella hídrica es el volumen de agua dulce consumida, utilizada y contaminada de manera directa por las actividades diarias que realizamos, más el volumen de agua utilizada en la producción de los bienes y servicios que consumimos

La huella hídrica está compuesta por dos dimensiones: directa e indirecta.

- **Huella hídrica directa**. Se refiere al uso y contaminación de agua dulce por todas las actividades que se llevan a cabo.

- **Huella hídrica indirecta.** Engloba dentro de su evaluación a los tres tipos de huellas mencionadas con anterioridad, y se refiere al volumen de agua utilizada y contaminada en toda la cadena de producción de un producto, es decir el agua que se involucra detrás de un producto o servicio.

Se contemplan tres tipos de huellas hídricas: .

» **Huella híbrida azul:** volumen de agua que se evapora, incorpora o se pierde de las cuencas.

» **Huella híbrida gris:** volumen de agua necesario para asimilar la carga contaminante del agua residual generada, según parámetros aceptables de la normativa local.

» **Huella híbrida verde:** volumen de agua consumida en productos agrícolas.

Identificar los tipos de huella hídrica que generan diversas actividades, permite definir objetivos, estrategias y metas de reducción del consumo y contaminación de agua dulce.

España es el segundo país **con mayor huella hídrica de Europa** con **2.461 metros cúbicos por habitante al año**, el equivalente a gastar **6.700 litros por persona y día**. La agricultura española requiere un gasto del 80% de agua, teniendo en cuenta la huella hídrica azul y verde, mientras que la industria representa el 15%.

Huella social

La huella social se entiende como la marca que una empresa deja en la sociedad por razón de sus operaciones.

Las empresas pueden, o no, gestionar correctamente las condiciones de trabajo y protección social, pueden cuidar con mayor o menor esmero la salud y la seguridad en el puesto de trabajo y pueden realizar una apuesta clara y convencida sobre el desarrollo y formación de las personas.

El bienestar de una comunidad depende de las oportunidades de desarrollo profesional y económico y del equilibrio con el contexto natural o urbano que la rodea. Por lo tanto, la huella social puede dividirse en tres componentes:

- **Bienestar social:** salud, equidad, inclusión, pobreza, educación y seguridad.

- **Economía local:** empleo, impactos en el mercado local, creación y apoyo a empresas, acceso a financiación, pago de impuestos, generación de empleos indirectos y revitalización de otras actividades económicas

- **Entorno:** instalaciones, transporte y aprovechamiento sostenible de recursos respeto al medio ambiente.

Con el incremento de empresas que han internacionalizado su actividad y operan en países en vías de desarrollo donde la legislación es más laxa y a menudo el respeto a los derechos humanos no está lo suficientemente protegido por el estado, ha aumentado el interés por medir el impacto de las empresas en dichas comunidades.

Medir el impacto en países en vía de desarrollo puede ser un proceso complejo debido a factores como las barreras lingüisticas y culturales o el desconocimiento del contexto socio-político. Por tanto, es esencial la colaboración empresarial con actores que ya disponen de capacidades específicas para valorar y mejorar los impactos en desarrollo humano, ONGs, agencias de desarrollo o grupos de investigación especializados que conocen las circunstancias políticas, sociales y ambientales en las que se encuentran las comunidades vulnerables.

El documento *Midiendo la Huella Social de las Empresas*[19] profundiza en el reto de la medición de impacto social a través del análisis de una serie de metodologías y herramientas desarrolladas en los últimos años por diferentes entidades. Se trata de la segunda entrega de la serie *Huella Social y Desarrollo Humano,* la cual aborda diferentes aspectos de la relación entre la actividad empresarial y el desarrollo humano de las comunidades locales. La serie es una iniciativa de ONGAWA, Ingeniería para el Desarrollo Humano, en

19. https://www.ongawa.org/wp-content/uploads/2015/01/HS2-OK.pdf

colaboración con el **Centro de Innovación en Tecnología para el Desarrollo Humano** (itdUPM) de la Universidad Politécnica de Madrid, y se enmarca en el Programa Compromiso y Desarrollo que ONGAWA lleva a cabo con la financiación de la Agencia Española de Cooperación Internacional para el Desarrollo (AECID) para mejorar la contribución empresarial al adesarrollo humano.

Mide tus huellas

Como individuos también dejamos una huella. Cómo nos movemos, dónde vivimos y cómo consumimos también deja huella en el planeta. Existen varias organizaciones que ofrecen de forma gratuita la posibilidad de medir tu huella online introduciendo información relativa a tus hábitos.

A continuación mostraremos algunas de las herramientas que te ayudarán a conocer tus huellas y te darán indicaciones de qué puedes mejorar en tus hábitos para reducirla:

Huella de carbono:
www.fundacionaquae.org/calculadora-carbono

Huella ecológica:
www.footprintcalculator.org

Huella hídrica:
www.watercalculator.org

Tu papel en el cambio

El planeta nos está pidiendo un cambio real. Hemos analizado algunas de las soluciones que pueden implementar las instituciones y las empresas para generar un desarrollo sostenible, pero no es suficiente. El papel del consumidor es de vital importancia, ya que como individuos decidimos cuánto consumimos, qué consumimos y dónde consumimos. Si queremos ser consumidores implicados en el cambio, debemos de ser consciente del impacto que tiene un producto o servicio en el medio ambiente y en la sociedad y actuar en consecuencia.

La falta de información, precio y accesibilidad pueden ser obstáculos para un consumo responsable, y por ello debemos de estar muy concienciados a cerca de la importancia de consumir de forma responsable y estar convencidos de que el esfuerzo personal es necesario.

Como consumidores tenemos mucho más poder del que pensamos. A continuación, algunas recomendaciones de lo que podemos hacer para reducir nuestro impacto en el planeta y apostar por empresas y productos que contribuyen a un desarrollo sostenible.

Eficiencia energética en el hogar

Según la Agencia Europea de Medioambiente [20], el europeo medio consume 27 megavatios-hora (MWh) al año, incluyendo todas las fuentes domésticas, industriales y de transporte. Se estima que el consumo doméstico representa aproximadamente un 25% del consumo eléctrico total de nuestro país.

Como consumidores está en nuestras manos reducir nuestro consumo haciendo un uso eficiente de la energía.

Para conseguir un ahorro energético en el hogar, por un lado, es necesario elegir correctamente los aparatos que utilizamos y asegurarnos de que son aparatos eficientes, y por otro lado debemos de internar consumir el mínimo de energía posible.

La Fundación Endesa [21] nos facilita consejos muy útiles para poder conseguir un ahorro energético en el hogar.

En lo que se refiere a la selección de los aparatos, conocer etiqueta energética nos ayudará a seleccionar aquellos aparatos que tengan un consumo menor.

20 https://www.eea.europa.eu/es/themes/energy/intro

21. https://www.fundacionendesa.org/es/recursos/a201908-ahorro-energetico

Las etiquetas energéticas

No todos los electrodomésticos necesitan el mismo consumo, por lo que cuando decidimos comprar un nuevo electrodoméstico es muy importante que tengamos en cuenta sus características energéticas.

Para ayudarnos a conocer el consumo de energía de los electrodomésticos, nacieron las etiquetas energéticas. El ámbito de aplicación de la etiqueta energética es europeo y constituye una herramienta informativa al servicio de los compradores de aparatos consumidores de electricidad, ya que permite al consumidor conocer de forma rápida la eficiencia energética de un electrodoméstico.

En las etiqueta energéticas se muestran los niveles de consumo de energía de los aparatos mediante una letra que va **desde la A (color verde, más eficiente) hasta la G (color rojo, menos eficiente)**, estableciendo siete niveles.

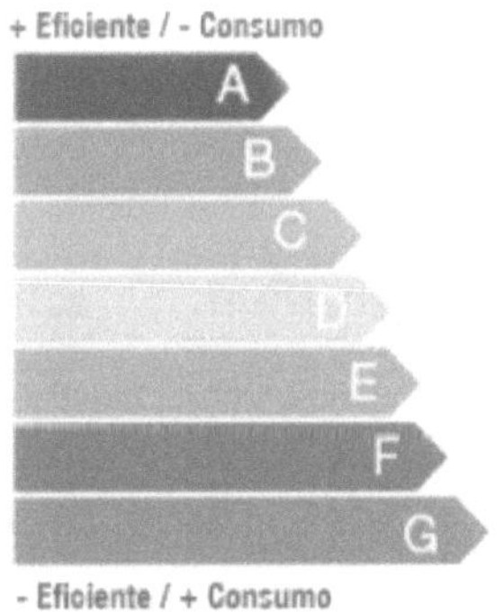

El consumo energético de los electrodomésticos

Una vez hemos elegido un electrodoméstico eficiente, debemos intentar hacer un buen uso del mismo intentando que este consuma exclusivamente la energía necesaria.

A continuación algunos de los consejos que nos ofrece la Fundación Endesa:

- **Lavadora.** Es un electrodoméstico que consume mucha energía, sobre todo cuando tiene que calentar el agua. Puedes ahorrar energía utilizando programas de lavado en frío y utilizándola solo cuando esté del todo llena.

- **Secadora.** Lo recomendable es que su uso sea excepcional y primar siempre el uso del calor del sol y del viento para secar la ropa.

- **Lavaplatos.** Este electrodoméstico consume mucha energía, sobre todo para calentar el agua. Es aconsejable utilizarlo siempre cuando esté lleno o utilizar programas de ahorro o media carga cuando no sea así.

- **Frigorífico.** Se trata del electrodoméstico que más electricidad consume en el hogar, por lo que es aconsejable intentar optimizar su uso. Cuando abrimos la puerta del frigorífico, su temperatura baja y el motor se pone de nuevo en marcha para volver a enfriar. Por eso, lo recomendable es intentar optimizar su uso abriéndolo lo menos posible y no dejando nunca la puerta abierta por un periodo largo de tiempo. Otros consejos son colocarlo lejos del horno y utilizarlo para descongelar los alimentos antes de hacer uso de otros electrodomésticos como el horno o el microondas.

- **Congelador.** La temperatura ideal es de -15°C. Como ocurre con el frigorífico, siempre que se abre la puerta pierde temperatura, por lo que es necesario hacer un buen uso. Algunos consejos para ahorrar energía es no congelar todos los alimentos a la vez y mantenerlo lleno sin forzar su capacidad, debido a que los alimentos congelados son una fuente de frío que ayudan al congelador a mantener su temperatura y, por tanto, utilizar menos electricidad.

- **Horno.** Consume mucha energía por lo que se recomienda su uso solo para cocinar y no para descongelar o mantener el calor de los alimentos. Cuando esté en funcionamiento, es necesario evitar la puerta abierta debido a que perderá temperatura y el motor se volverá a poner en marcha, con el consiguiente gasto energético.

- **Microondas.** Algunos consejos para ahorrar energía utilizando el microondas es no abrirlo antes de que termine la cocción y colocar los alimentos preferiblemente en trozos para que su tiempo de cocinado sea menor. Si se ha realizado una cocción prolongada, dejar un par de minutos los alimentos en el interior una vez apagado, ya que terminarán de cocinarse con el calor acumulado en su interior.

- **Cocina.** Las cocinas de gas son las que más ahorro de energía suponen. Si la cocina es de vitrocerámica puede ahorrarse energía desconectándola unos minutos antes de acabar de cocinar, ya que el calor se mantiene.

- **Pequeños electrodomésticos**. Desenchufarlos tras terminar de usarlos y elegir pequeños electrodomésticos con distintas potencias para utilizar la necesaria en cada caso. Estos consejos podemos seguirlos a la hora de usar secadores de pelo, batidoras, tostadoras, planchas, etc.

Consejos para ahorrar electricidad en la climatización del hogar

La calefacción, los climatizadores y los aires acondicionados suponen otro de los principales gastos de electricidad de los hogares. Para climatizar una casa de una manera sostenible y ahorrar energía deben tenerse en cuenta algunos aspectos:

- **Temperatura**: lo ideal es una temperatura interior de 19 a 21 º C en invierno y de 22 a 26 º C en verano. Salirse de estas recomendaciones supondrá un mayor gasto de energía.

- **Ventilación:** es importante renovar el aire de las casas, pero hacerlo de una forma correcta te ayudará ahorrar energía. El tiempo recomendado para ventilar sin que se enfríe o caliente demasiado es unos 10 minutos y hacerlo a primera hora de la mañana.

- **Orientación del edificio**: si vas a construir, comprar o alquilar una vivienda, debes tener en cuenta su orientación si lo que quieres es ahorrar en gasto energético.

Las viviendas orientadas hacia el sur o este aprovechan el sol y calor de la primera parte del día, mientras que las orientadas hacia el oeste acumulan demasiado calor en verano.

- **Aislamiento térmico:** un buen aislamiento del hogar es clave para mantener la temperatura y ahorrar energía.

  » Ventanas: el doble cristal permite ahorrar un 25% de energía en calefacción y aislar del ruido del exterior.

- **Aparatos para refrescar el ambiente:** el ventilador consume menos energía que el aire acondicionado.

Por último, no podemos olvidar la iluminación del hogar. Aprovechar al máximo la luz natural es la clave de cómo ahorrar energía eléctrica en el consumo de electricidad para iluminar nuestro hogar. Lo ideal es combinarlo con lámparas fluorescentes convencionales de bajo consumo o LED y no bombillas incandescentes o halógenas, que son las que más consumen.

El agua que necesitamos

Sabemos que el agua es un bien escaso e indispensable para nuestra subsistencia, por ello es importante que hagamos un uso racional e intentemos cubrir nuestras necesidades utilizando el mínimo posible de agua, de esta forma estamos contribuyendo a que no se desperdicie agua innecesariamente.

¿Sabías que cuando nos duchamos de media estamos utilizando al menos 70 litros de agua?

Según la última encuesta publicada sobre *el Suministro y Saneamiento del Agua* del Instituto Nacional de Estadística, los hogares españoles consumen una media de 130 litros de agua por habitante y día.

Debemos de ser conscientes de que en nuestro día a día estamos utilizando más agua de la que realmente necesitamos.

Con estos sencillos hábitos lograremos reducir considerablemente nuestro consumo de agua y contribuir a reducir el problema de su escasez:

- Revisar periódicamente las llaves de agua, cañerías y tuberías interiores y exteriores de la vivienda para evitar fugas.

- Recoger el agua que sale de la ducha mientras se espera a que se caliente para utilizarla para otros fines.

- Ducharse en lugar de bañarse.

- Instalar sanitarios de bajo consumo.

- No usar el inodoro como papelera: cada descarga de la cisterna comporta un derroche de entre 5 y 10 litros de agua.

- Espera a que los lavavajillas y lavadoras estén llenos antes de utilizarlos.

- Cierra el grifo si no lo usas.

- Lavar los vehículos en sitios establecidos para tal fin.

¿Sabías que para producir un kilo de ternera se requieren 16.000 litros de agua?

No solo consumimos agua cuando abrimos el grifo. Para producir los bienes y servicios que consumimos o para cultivar los alimentos que nos nutren también se emplea agua dulce, por lo que es esencial, además de reducir el consumo de agua en el hogar, comprar de forma responsable, teniendo en cuenta tanto los productos que consumimos como los que acaban en la basura porque los hemos dejado caducar o estropearse en la nevera.

Reduce tus residuos con las 6 "R"

Sabemos que los residuos que generamos son uno de los graves problemas que estamos causando al plantea. Como consumidores está en nuestras manos reducir al máximo la generación de residuos y contribuir a la buena gestión de los mismos.

Existen 6 reglas, que conocidas como las 6 "R" que contribuyen a la reducción de residuos:

- **REDUCIR.** Debemos reducir la basura que generamos a diario en nuestros hogares. Por un lado, podemos reducirla si no consumimos más de lo que verdaderamente necesitamos. Asimismo, si elegimos bien el empaquetado de los productos que consumimos reduciremos considerablemente la cantidad de deshechos. Por ejemplo, utilizando bolsas reutilizables para comprar y haciéndolo a granel estaríamos reduciendo considerablemente la basura que generamos.

- **REUTILIZAR.** Debemos prolongar la vida útil de los productos que ya hemos adquirido retrasa su desecho final y contribuye también a reducir los residuos que generamos.

- **RECICLAR**. El reciclaje en el hogar es una práctica sencilla que deberíamos llevar a cabo de forma habitual y que podemos combinar perfectamente con una correcta separación selectiva de residuos domésticos para su posterior reciclaje.

El post-consumo de un producto es muy importante, ya que una vez un producto ha sido utilizado se convierte en residuo. Como consumidores está en nuestras manos decidir como gestionar ese residuo o al menos intentar encontrarle un destino apropiado.

Alrededor del 45% de los residuos municipales que se generan en este momento en el conjunto de la UE se recicla, según los últimos datos de Eurostat, la Oficina Europea de Estadística. En España estamos reciclando el 33% de los residuos. Además, el 83% de estos desechos se recogen como residuos mezclados en la bolsa de la fracción resto.

Saber diferenciar qué envase es reciclable y cuál no y actuar en consecuencia a la hora de depositarlo en el contenedor correcto es clave para que los materiales que se recuperen sean de calidad.

Existen magníficas iniciativas para recoger el plástico del mar, pero sería importante saber cómo ha ido a parar al océano y evitar que siga llegando.

- **REDISTRIBUIR.** Debemos redistribuir aquellos bienes que ya no necesitamos. En lugar de tirar a la basura un producto que ya no vamos a usar podemos buscar alternativas como la donación, el intercambio y la compra-venta de segunda mano. Algunas plataformas colaborativas nos ayudan a poder redistribuir nuestras posesiones cuando ya no nos hacen falta.

- **REPARAR.** Especialmente cuando consumimos productos a bajo coste, nos cuesta más repararlo que comprar uno nuevo y esto nos ha llevado a un hábito de tirar los artículos cuando se rompen o se estropean. Reparar hace que alarguemos la vida de un producto sin necesidad de convertirlos en residuos ni sustituirlos por otros nuevos.

- **REFLEXIONAR**. Debemos reflexionar sobre nuestros hábitos de consumo y la trascendencia que tienen para el medioambiente. Si nos paramos a pensar antes de consumir un producto y nos planteamos lo que hay detrás del mismo y si realmente lo necesitamos estaremos contribuyendo a no incorporar en nuestras vidas productos innecesarios o que hayan dañado el medio ambiente

Consumo consciente

Como consumidores contamos con un gran poder en nuestras manos, podemos decidir a quién dar o no nuestro dinero, que es lo que hace que las empresas subsistan. Donde realmente podemos ejercer nuestro compromiso con el medioambiente y la sociedad es con el consumo o no consumo de productos y servicios.

Dejando de consumir determinados productos o servicios, podemos llegar a provocar que una empresa se replantee sus modos de proceder. Asimismo, cuando estamos adquiriendo un producto con valores, estamos apoyando un proyecto que tiene un impacto positivo. En definitiva, el consumo consciente es una herramienta de cambio muy útil a la hora de presionar a las empresas.

La realidad es que la gran mayoría de los consumidores, hasta ahora, hemos estado consumiendo sin conocer lo que había detrás de un producto o un servicio. Si realmente queremos ser parte del cambio debemos empezar por adquirir conocimiento de qué es lo que hay detrás de lo que consumimos y su impacto en la naturaleza y la sociedad.

El primer paso para consumir de forma consciente es estar bien informado. Cuando vamos a consumir un producto o un servicio debemos de documentarnos bien y saber qué hay detrás de ese producto, qué materias primas se han utilizado o bajo qué condiciones laborales se han elaborado.

Trazabilidad

Uno de los medios con los que contamos para ejercer el consumo responsable es la trazabilidad del producto que vamos a adquirir. Se entiende por trazabilidad la "capacidad para reconstruir el historial de la utilización o la localización de un artículo o producto mediante una identificación registrada".

La trazabilidad, para que sea completa, debe contemplar todos y cada uno de los eslabones de la cadena de producción.

Cada producto debe de contar con un sistema que ofrezca al consumidor su historial de producción para que este, antes de realizar su compra, pueda conocer el lugar la extracción de la materia prima y si la transformación y la distribución y la venta se han realizado con criterios de sostenibilidad medioambiental y respetando los derechos humanos.

Beneficios del *Made in Spain*

El *Made in Spain* tiene un coste, pero tiene muchos beneficios que en ocasiones no valoramos. Si comparamos un producto hecho en España con un producto hecho en Asia, la diferencia de precio es importante, pero si entendemos todos los beneficios que hay detrás de consumir productos hechos en España, seguramente comprenderemos que es un precio que vale la pena pagar. Cuando adquirimos un producto producido en nuestro país, no estamos solo comprando un producto, estamos aportando muchos beneficios a la economía local y al medio ambiente.

Estos son algunos de los beneficios de adquirir productos *Made in Spain:*

Calidad

Una de las principales razones del bajo precio de muchos productos de importación se encuentra en su baja calidad. En España, contamos con estándares de calidad muy superiores. Concretamente en calzado, contamos con algunos de los mejores artesanos del mundo, los cuales son capaces de fabricar zapatos de muy alta calidad, resistencia y confort.

Puestos de trabajo

España cuenta con una tasa de paro muy por encima de la media Europea. Muchos de los productos que se importan de países asiáticos ya se fabrican en España. Si en lugar de consumir productos de importación, consumiésemos esos mismos productos hechos en España, estaríamos contribuyendo a mantener un tejido industrial capaz de generar empleo de calidad.

Impuestos
Los impuestos que pagan las empresas españolas por fabricar localmente acaban repercutiendo en la sociedad en forma de instalaciones públicas, seguridad, ayudas sociales, seguridad social y educación.

Condiciones laborales
En España existen leyes que protegen a los trabajadores. A diferencia de otros países en vías de desarrollo, en España los empleados han sido retribuidos en base a los convenios sectoriales, que cuentan con derechos laborales y con asistencia sanitaria. También en materia de seguridad laboral, en España existe una regulación estricta que las empresas deben acatar y que protegen al empleado de posibles accidentes laborales.

Estar dispuestos a pagar el precio

Una vez que nos hacemos conscientes del poder que tenemos como consumidores, es necesario actuar consecuentemente y evitar comprar productos que impacten negativamente en el medioambiente o en la sociedad.

Por un lado, a día de hoy, los productos sostenibles no están en cualquier tienda y en ocasiones nos tenemos que desplazar para poder encontrarlos; tenemos que esforzarnos por buscar determinados productos. El cambio fácil sería comprar donde nos sea cómodo sin importarnos si lo que compramos es bueno o no para el medioambiente.

Por otro lado, el precio puede ser también un obstáculo. A menudo se habla de que los productos sostenibles tienen un precio elevado. Hacer un producto de calidad, con materias primas respetuosas con el medio ambiente y bajo condiciones laborales responsables tiene un coste. De hecho, no podemos olvidar que el gran enemigo de la sostenibilidad ha sido el *low cost*. El problema es que nos hemos acostumbrado a consumir productos económicos y nos cuesta hacer el esfuerzo de gastar hasta cinco veces más por un producto sostenible.

Una de las soluciones para poder consumir de forma consciente y responsable sin dañar nuestro bolsillo sería consumir menos productos y servicios pero de mayor calidad. Por ejemplo, en lugar de comprarnos cinco camisetas a 10€, podemos comprarnos una camiseta a 50€ fabricada localmente de forma responsable con materiales respetuosos con el medio ambiente y que además nos va a durar seguramente más que las cinco camisetas de bajo coste juntas.

Estamos acostumbrados a valorar un producto por el precio de compra, pero sería bueno pensar en los días que vamos a utilizar ese producto dependiendo de su calidad, diseño y funcionalidad. Seguramente si echamos cuentas, lo barato sale caro.

De cualquier forma, tenemos que ser conscientes de que ser respetuosos con el medio ambiente y con las personas tiene un coste humano y económico, y debemos de estar dispuestos a pagar por ello.

Certificaciones y sellos sostenibles

Existen muchas empresas que comunican ser sostenibles y que sus productos cumplen con unos determinados requisitos medioambientales y sociales. Pero ¿cómo sabemos que es cierto? Las certificaciones y los sellos sostenibles nos pueden generar confianza.

Uno de los hábitos que debemos adquirir como consumidores conscientes es el de verificar en profundidad el etiquetado de un producto, por ello es importante conocer los sellos y las certificaciones.

En el mundo hay más de cuatrocientos sellos o certificaciones con el que las compañías pueden validar acciones o compromisos de sostenibilidad. A continuación, algunos de los sellos más importantes:

AENOR Gestión Ambiental

Con esta marca se da a entender que el sistema de la empresa licenciataria a la que se concede es objeto de las evaluaciones y controles establecidos en el sistema de certificación y que AENOR ha obtenido la adecuada confianza en su conformidad con la Norma 

UNE-EN ISO 14001. La Marca AENOR de Gestión Ambiental permite a la organización demostrar la implantación de un sistema eficaz de gestión ambiental, y, en consecuencia, su compromiso con la preservación del entorno.

Agricultura Ecológica en Europa

En marzo del año 2000, la Comisión Europea creó un logotipo compuesto por los términos "Agricultura Ecológica - Sistema de Control CE" *(Reglamento (CEE) nº 2092/91 del Consejo)*, que ha sido concebido para ser utilizado con carácter voluntario por los productores en caso de que, tras proceder a una inspección, quede demostrado que sus sistemas y productos cumplen la legislación comunitaria en la materia.

Aproved Vegan

Se trata del sello **Producto Vegano** de la organización **PETA**, que permite a los consumidores iden-

tificar rápidamente productos que no contienen productos de origen animal en ropa, calzado y complementos bajo el estándar vegano.

Asociación para la Certificación Española y Forestal

En 1998 surge PEFC como una iniciativa voluntaria del sector privado forestal basada en los criterios e indicadores emanados de las *Conferencias interministeriales de*

Helsinki (1993) y *Lisboa* (1998) para la protección de los bosques de Europa. PEFC ofrece un marco para el establecimiento de sistemas de certificación nacionales comparables y su mutuo reconocimiento paneuropeo.

Certified B Corporation

Las B Corps son un nuevo modelo de empresas que equilibran el propósito social y los beneficios económicos. Incorporan un requerimiento legal para tener en cuenta en la toma de decisiones a sus trabajadores, clientes, proveedores, comunidad y medio ambiente. Esta comunidad de líderes está  impulsando un movimiento de personas que utilizan la fuerza de los negocios para generar impacto positivo.

Carbon Trust

 Carbon Trust es una entidad cuya misión es promover el desarrollo sostenible y la economía verde baja de carbono. Son expertos en la reducción de carbono y en la eficiencia de recursos. La huella de carbono ha sido calculada de acuerdo con la metodología *BSI PAS 2050* y certificada por The Carbon Trust.

Cradle to Cradle

 El sello C2C, *Cradle to Cradle* (de la cuna a la cuna) se otorga a productos sostenibles que usan materiales seguros y sanos para el medio ambiente, implementan la reutilización de materiales con el objetivo

de reducir al mínimo los desechos, usan energía renovable, hacen un uso eficiente y responsable del agua y ponen en practica estrategias de responsabilidad social.

Der Blaue Angel

Der Blaue Angel pretende estandarizar las características ecológicas y de calidad de los productos y servicios englobando a una amplia y cada vez mayor gama de los mismos.

Ecocert

La marca Ecocert es el punto de referencia para el **etiquetado ecológico** reconocido por los consumidores. La certificación implica un proceso riguroso que consiste en que un organismo de certificación independiente e imparcial evalúa la conformidad de un producto, servicio o sistema con respecto a los requisitos ambientales y sociales especificados en una norma o estándar.

Eco Label

La Eco-Label constituye un sistema de certificación de la Unión Europea cuyo objetivo es ayudar a los consumidores europeos a identificar productos y servicios con calidad garantizada y más ecológicos y respetuosos con el medio ambiente.

Fairtrade

 El sello FAIRTRADE es el emblema del Sistema Internacional Fairtrade y la etiqueta ética más reconocida en todo el mundo. Cuando usted compra productos con cualquiera de los sellos FAIRTRADE, usted apoya a los agricultores y trabajadores para que mejoren su calidad de vida y sus comunidades.

Fair wear foundation

El núcleo de este código se compone de ocho normas laborales derivadas de los *Convenios de la OIT* y la *Declaración de las Naciones Unidas sobre los Derechos Humanos*. Esto significa que el *Código de Prácticas Laborales* de FWF se basa en estándares internacionalmente reconocidos que se han establecido a través de la negociación tripartita.

FSC

 El FSC es una organización independiente, no gubernamental, internacional y sin ánimo de lucro creada con el objetivo de promover una gestión forestal ambientalmente responsable, socialmente beneficiosa y económicamente viable en los bosques de todo el mundo. Este sello asegura al consumidor que la madera, o cualquier otro producto forestal, procede de un bosque gestionado de manera responsable y sostenible.

Global recycled standard

El Global Recycle Standard (GRS) tiene como objetivo asegurar el contenido reciclado en un producto. Certifica que todos los procesos de producción en toda la cadena de suministro han sido sometidos a las medidas adecuadas para garantizar la integridad del producto final.

Gots

La Norma Textil Orgánica Global (**GOTS**) es la norma líder mundial en el procesamiento de textiles hechos con fibra orgánica. Además incluye criterios ecológicos y sociales y está sustentada por **certificaciones** independientes en toda la cadena de provisión textil.

Leed

El sistema LEED, *Leadership in Energy & Environmental Design*, es un procedimiento de clasificación de edificios verdes que establece un estándar de categorización voluntario y privado desarrollado por el *U.S. Green Building Council,* el cual promueve la adopción global de prácticas de desarrollo de construcción ecológica y sostenible a través de herramientas y criterios de rendimiento universalmente entendidos y aceptados.

Marine Stewardship Council

El Marine Stewardship Council certifica aquellos productos marinos que se han capturado mediante una pesca sostenible. Para ello, dicha pesca no debe poner en peligro la población de peces en el mar, ni impactar negativamente la vidas de otras especies en el medio ambiente y debe adaptar su actividad a condiciones climáticas cambiantes.

Natrue

NATRUE es una asociación internacional sin ánimo de lucro comprometida con la promoción y la protección de la cosmética natural y orgánica a nivel mundial.

Oeko-Tex

El certificado estándar de **OEKO TEX®** es un sistema independiente que verifica que no haya sustancias nocivas ni en textiles, ni en las fases de la fabricación de un determinado producto. Para obtener un certificado OEKO-TEX® se analizan, no solo los materiales empleados, también los procesos de producción.

Rainforest alliance certified

El sello Rainforest Alliance Certified indica que una finca, bosque o empresa turística han sido auditados para comprobar que cumplen normas de sostenibilidad ambiental, social y económica.

Recycled 100 Claim Standard.

El RCS (estándar sobre declaración de reciclado) verifica la presencia y la cantidad de una materia reciclada en un producto final. Esto se hace a través de la verificación de

materiales y de la cadena de custodia por parte de un tercero. Permite una evaluación y verificación transparente,
consistente, completa e independiente de las declaraciones
del contenido de materiales reciclados en productos. RCS
se puede usar como herramienta *business-to-business* para dar
a las empresas el medio para garantizar que están vendiendo
productos de calidad y que reciben aquello por lo que están
pagando. También se usa como una manera de garantizar
una comunicación precisa y honesta con los consumidores.

Usda Organic

Certificación orgánica según las *Normas del
Programa Nacional Orgánico* del Departamento
de agricultura de los Estados Unidos. Esta
certificación se aplica a todas las etapas de la
producción, procesamiento, distribución, control y etiquetado de los productos procedentes de la agricultura comercializados como orgánicos para consumo humano y animal.
Se aplica tanto a los productos como cosméticos y textiles.

Vegan Society

Es una organización educativa que pretende promover el estilo de vida vegano
cerciorando a través de su certificación
que los productos no contengan ningún
ingrediente de origen animal.

Movilidad sostenible

El transporte constituye la mayor fuente de emisiones de gases de efecto invernadero en España. El medio de transporte que utilizamos para movernos y la frecuencia y la distancia a la que nos movemos tiene un gran impacto en el medio ambiente.

En España, por ejemplo, según datos del Instituto para la Diversificación y Ahorro de Energía (IDAE), el sector del transporte es el mayor consumidor de energía final (en torno al 40% total). Además, es el mayor emisor de dióxido de carbono (por encima del 30% de las emisiones totales) ya que la mayor parte de la energía utilizada en el transporte proviene de combustibles derivados del petróleo.

El aumento de las emisiones de gases contaminantes provocados por el transporte preocupa cada vez más en las ciudades, especialmente en las de mayor tamaño, donde los índices de contaminación atmosférica empiezan a ser considerados como una cuestión de salud pública. Por ello, las instituciones apuestan por fomentar una movilidad sostenible de personas y mercancías, a través de medios de transporte energéticamente más eficientes y ecológicos, de modo que disminuya el consumo de combustibles fósiles y las emisiones de gases de efecto invernadero.

Promoviendo la movilidad sostenible no solo se promueven los beneficios ambientales, sino que también se busca el bienestar económico, social y de tránsito de los habitantes de las ciudades.

A continuación podemos ver el CO_2 que generamos por medio de transporte según la **Agencia Europea del Medio Ambiente** [22]:

Medio	CO_2/km por persona
A pie	0
En bicicleta	0
Tren	14
Autobús	68
Motocicleta (combustión)	72
Coche (combustión)	104
Furgoneta (combustión)	158
Avión	285

Como podemos observar, la forma de moverse que implica menos impacto es la bicicleta e ir caminando, seguido del transporte público terrestre. Por tanto, los núcleos urbanos con un alto índice de seguridad vial, en la que bicicletas y peatones puedan transitar sin complicaciones, y donde se pueda llegar a cualquier lugar con un transporte público de calidad, serán espacios con una baja contaminación y proporcionarán una buena calidad de vida a los ciudadanos.

Las administraciones, por supuesto, tienen el deber de promover el uso de combustibles y vehículos alternativos, así como el ahorro y la eficiencia energética en el sector, pero los ciudadanos tenemos la responsabilidad de añadir los criterios de sostenibilidad a la hora de elegir de qué forma nos movemos.

22. https://www.eea.europa.eu/es/pressroom/infografia/
emisiones-de-dioxido-de-carbono/view

Ventajas del transporte público

El transporte público, por viajero, ocupa cincuenta veces menos espacio y emite un 70% menos de dióxido de carbono que el vehículo privado. Además de tener un menor impacto en el medioambiente, el transporte público puede ser más rápido que el particular. A parte, fomentando el transporte público aumentaremos la cantidad de puestos de trabajo.

Ventajas de compartir coche

Cuando nos movemos en coche estamos utilizando mucha energía, sobre todo teniendo en cuenta que el índice actual de ocupación es de 1,3 pasajeros por vehículo. El coche es el modo de transporte menos eficiente y más contaminante. Utilizando sistemas de coche compartido, seremos más eficientes y sostenibles en nuestros desplazamientos.

Ventajas e inconvenientes de los vehículos eléctricos frente a los de combustión

Al contrario que los vehículos de combustión, los eléctricos no emiten ningún tipo de emisión de gases efecto invernadero ni de emisiones contaminantes mientras funcionan.

Los coches eléctricos, al no contar con un motor tradicional y un cambio de marchas con embrague, tienen una tasa de averías más bajas que los vehículos de combustión.

Otra de las ventajas de los automóviles eléctricos en relación con los de combustión es que tienen muy pocos costes de mantenimiento, puesto que no necesitan cambios de aceite, filtros, o lubricantes.

El motor de los coches eléctricos funciona como un generador durante el frenado del mismo, es decir, que aprovecha la energía generada en frenadas y retenciones para recargar sus baterías. De esta forma, el vehículo devuelve energía al sistema. Sin duda, aprovechar la energía de la frenada es una de las grandes ventajas del coche eléctrico si lo comparamos con uno de combustión.

Los motores eléctricos son mucho más eficientes energéticamente que los motores a combustión. Para que os hagáis una idea, recorrer 100 km con un coche eléctrico cuesta aproximadamente unos 13 kWh (aunque depende del tamaño del coche), mientras que un coche que homologue un consumo de 5 l/100km, necesitaríamos el equivalente a 45 kWh de gasolina para recorrer la misma distancia.

Una de las grandes ventajas es que hay ciudades donde solo es posible acceder con un vehículo eléctrico e incluso supone ventajas fiscales y descuentos para el aparcamiento.

Pero no todos son ventajas. Los vehículos eléctricos tienen un coste mayor al de los vehículos de combustión, tienen una menor autonomía y todavía hay puntos de carga limitados. Además, las baterías de los coches eléctricos requieren grandes cantidades de minerales escasos como el litio, el cobalto o el níquel, cuya extracción está causando graves problemas ambientales.

En definitiva, el vehículo eléctrico puede ser una alternativa al vehículo de combustión, ya que reduce la emisión de gases durante el desplazamiento, pero no hay que olvidar que en su proceso de fabricación seguimos perjudicando el medio ambiente y utilizando recursos naturales limitados. En la medida de lo posible, ir a pie, en bicicleta o utilizar el transporte público son algunas de las opciones más sostenibles.

Un cambio de mentalidad necesario

Durante los últimos años, el uso del coche como medio de transporte se ha generalizado. Son muchas las personas que están acostumbradas a moverse de forma independiente y cómoda con su coche.

Un vez más, como ciudadanos, si queremos reducir nuestro impacto en el medio ambiente, tenemos que hacer un esfuerzo, y este esfuerzo pasa por coger la bicicleta para trayectos cortos, el transporte público o compartir vehículo. Para realizar este cambio de hábitos en la forma en la que nos movemos es imprescindible cambiar nuestra mentalidad.

Estrategia Española de Movilidad Sostenible

La *Estrategia Española de Movilidad Sostenible* [23] (EEMS) surge como marco de referencia nacional que integra los principios y herramientas de coordinación para orientar y dar coherencia a las políticas sectoriales que facilitan una movilidad sostenible y baja en carbono. Entre las 48 medidas aprobadas para facilitar una movilidad sostenible y baja en carbono destaca el fomento de una movilidad alternativa al vehículo privado y el uso del transporte público, además de la utilización de combustibles más sostenibles

Un armario responsable

El bajo coste también ha tenido un gran impacto en la industria de la moda. La bajada de los precios en la ropa durante los últimos veinte años nos ha permitido comprar cada vez más ropa. Se estima que de media en Europa solo utilizamos de forma habitual en el 30% de la ropa que tenemos el armario.

Concretamente la *Fast Fashion* ya no trata solo de ofrecer prendas a bajo coste, sino que consigue la aceleración del diseño y producción de colecciones consiguiendo que en las tiendas, cada semana, haya nuevas prendas que mostrar.

---

23. https://www.mitma.gob.es/areas-de-actividad/arquitectura-vivienda-y-suelo/urbanismo-y-política-de-suelo/urbanismo-y-sostenibilidad-urbana/estrategia-espan%CC%83ola-de-movilidad-sostenible-eems

La *Fast Fashion* ha originado la acumulación de prendas baratas y de baja calidad a costa de reducir los costes de producción, lo que implica graves consecuencias nuestro planeta y para las personas que las producen.

Slow Fashion

El concepto *Slow Fashion* aparece en el 2007, acuñado en Londres por Kate Fletcher, diseñadora y profesora de sostenibilidad, frente al consumismo masivo del sector textil liderado por la *Fast Fashion*.

El movimiento, nacido a modo de resistencia, aboga por la defensa de la sostenibilidad de los procesos de producción, el respeto al medioambiente, el apoyo a lo local y la garantía de unas condiciones laborales dignas.

La *Slow Fashion* apuesta por una moda que respete el medio ambiente y las personas promoviendo:

- Fabricación local responsable.
- Diseños atemporales.
- Utilización de materiales sostenibles.
- Consumir menos pero de mayor calidad.
- Cuidar y reparar las prendas.
- Consumir en comercios locales.

Cada vez son más las marcas y consumidores que se unen a este movimiento.

Moda vegana

El veganismo conlleva la abstención del uso de productos y servicios de origen animal no solo para alimentación, sino también para medicamentos, cosméticos, transporte, experimentación, y, como no, también para vestimenta.

La moda vegana, por tanto, se define por el hecho de que las telas y los materiales que se usan no sean de origen animal.

En ocasiones existe confusión entre moda vegana y orgánica. Una prenda puede ser vegana y no ser orgánica. Vegana simplemente quiere decir que no tiene ningún material proveniente de animales, pero la prenda puede estar hecha con materiales orgánicos o sintéticos.

Durante muchos años, la piel de animal ha sido el material por excelencia por su durabilidad, resistencia y transpirabilidad. Hoy en día existen ya alternativas de materiales de alta calidad y resistencia que imitan la piel pero que no son de origen animal.

También sería el caso de la lana o la seda. Las personas veganas se abstienen de utilizar también las prendas hechas con estos materiales, ya que entienden que detrás de estos materiales hay una explotación y maltrato animal.

Hay que tener también en cuenta de que en materiales secundarios pueden haberse usado sustancias de origen animal, como por ejemplo en el pegamento.

Moda compartida: la alternativa al consumo compulsivo

Por un lado, hay personas que les gusta cambiar de ropa a menudo, no les gusta repetir, lo que implica un consumo excesivo e innecesario de ropa. Por otro lado, hay personas que por su poder adquisitivo no se pueden permitir comprar ropa de calidad.

La moda compartida se presenta como una óptima opción para estas personas: permite cambiar de ropa con frecuencia sin tener que comprarla al mismo tiempo.

Por ejemplo, la plataforma de moda compartida española Ecodicta ofrece la posibilidad de, pagando una cuota de 39,90, estrenar hasta 60 prendas al año, permitiendo probar diferentes prendas de diferentes marcas de mucha calidad y diseño, marcas a las que solo podrían tener acceso personas con un nivel adquisitivo alto.

Por tanto, la moda compartida es un nuevo concepto que por un lado consigue reducir el consumo de ropa considerablemente y abre las puertas de las marcas de diseño a un mayor número de personas.

- **Practica "el armario cápsula".** Se trata de un armario con un número de prendas comodín que se ajustan a tu estilo de vida y puedes combinar con distintos looks. Prioriza este tipo de prendas en lugar de acumular un sinfín de piezas fruto de la compra compulsiva que usarás en contadas ocasiones.

- **Elige con cuidado.** A la hora de comprar nuevas prendas **elige ropa de calidad por encima de la moda rápida y de bajo coste.** Es mejor una camisa versátil que un puñado de tops de mala calidad. Presta atención si hay hilos sueltos o espacios entre las puntadas, dos signos de mala calidad en la ropa.

- **Cuida tu ropa.** Lee la etiqueta con atención y sigue las instrucciones sobre cuál es la mejor manera de lavar las piezas. Lava la ropa delicada a mano y usa jabones naturales y menos abrasivos.

Upcycling o suprareciclaje: una segunda vida para los residuos

Mientras que el reciclaje es un proceso de aprovechamiento para que los materiales puedan ser reutilizados, el upcycling transforma un objeto destinado a ser un residuo en un nuevo artículo de mayor valor, reduciendo así el volumen de desechos.

Con creatividad y cierta técnica para modificar materiales, es posible dar una segunda vida a los residuos, ofreciendo productos a bajo coste para los cuales no se han utilizado recursos naturales, sino residuos que normalmente hubiesen terminado en un vertedero.

Sabemos que una de las mayores fuentes de residuos es la moda y que la prenda más sostenible es la que ya existe. El *upcycling* por tanto podría ser una gran solución para toda esa ropa que acaba en el contenedor.

¿Te gustaría hacer *upcycling* con la ropa que ya no te pones pero no sabes cómo hacerlo? Visita la plataforma de Upcyclick: www.upcyclick.net

Upcyclick es un proyecto social que te ayuda a que customices, aprendas o disfrutes del arte de darle una nueva vida a estas prendas que ya no usas. Tú mismo puedes conseguir darle otra vida a prendas que normalmente acabarían en un vertedero.

Si lo prefieres, también puedes comprar prendas que han sido creadas a partir de textiles ya utilizados. Customizando, por ejemplo, es otro proyecto social que nace como cooperativa de integración social sin ánimo de lucro para trabajar en el sector del diseño creativo y la transformación textil artesana, dando una segunda vida a prendas de vestir ya en desuso, dignificando el trabajo textil y ofreciendo una alternativa laboral para diferentes mujeres en situación de riesgo

El impacto de tu alimentación

Cuando nos alimentamos estamos haciendo mucho más que nutrirnos. Al igual que cualquier otro producto, detrás de un alimento hay un impacto en el medio ambiente y en la sociedad.

Hoy podemos encontrar fácilmente en cualquier supermercado nueces de California, kiwis de Nueva Zelanda o aguacates del Perú. Dependiendo de la época del año y de la zona del planeta, crecen unas frutas y hortalizas u otras, pero trayéndolas de fuera podemos disfrutarlas prácticamente todo el año gracias a la globalización. Comer lo que queremos cuando nos apetezca es muy cómodo, pero no hemos de olvidar que transportar alimentos durante largas distancias genera una importante cantidad de gases de efecto invernadero .

Dime que comer y te diré cuantas emisiones de gases emites

La BBC ha desarrollado una calculadora que te indica los kilogramos de gases de efecto invernadero que generamos cuando consumimos un alimento: www.bbc.com/mundo/noticias-46559942.

Según esta calculadora, consumir 3-5 veces a la semana carne de vacuno supone unas emisiones de 1.611kg anuales de gases de efecto invernadero. En cambio, consumir con la misma frecuencia tofu supondría 33 kg anuales de gases de efecto invernadero, mientras que las nueces solo supondrían 3 gramos.

Se estima que la ganadería es responsable de la emisión del 14,5% de los gases de efecto invernadero. Entre los gases emitidos se encuentran el CO_2, pero especialmente el **metano** y el óxido nitroso, dos gases de efecto invernadero mucho más potentes que el CO_2. Estos gases provienen de las emisiones directas, pero también de las indirectas derivadas de un modelo de agricultura dependiente del petróleo y de los plaguicidas y fertilizantes químicos que sustentan a la ganadería industrial.

Estemos de acuerdo o no en la necesidad de sacrificar animales para nuestra alimentación, la reducción del consumo de carne, especialmente la de vacuno, ayudaría a reducir los gases de efecto invernadero.

Alimentos de temporada y Km 0

Para que un alimento pueda ser considerado como producto Km 0 o de proximidad debe cumplir las siguientes características:

- Productos producidos y consumidos en un radio que no superior a 100 km.

- Productos de temporada.

- Productos ecológicos: alimentos naturales a los que no se les ha añadido químicos ni tóxicos.

- En todo el proceso de producción y transporte de ha de tenerse en cuenta la máxima protección al medioambiente.

Los beneficios de consumir productos km 0 tiene un impacto tanto en el medio ambiente como en la economía:

» Se reduce la emisión de gases de efecto invernadero.

» Se apoya una economía más justa, ya que se reduce el papel de los intermediarios.

» Una alimentación más equilibrada, sana y saludable.

» Productos más sabrosos que mantienen intactos sus valores nutricionales.

» Se favorece la economía local.

Además, la trazabilidad de un producto local es mucho más sencilla que la de un producto importado desde otro lugar del mundo. Consumir productos ecológicos suele tener un coste mayor, pero pese a esto tenemos que ser conscientes de la importancia de consumirlos no solo por nuestra propia salud, sino por el medio ambiente.

Veganismo

Cada vez son las personas que se unen más al estilo de vida vegano. Según la Asociación Vegana Española [24], el veganismo debe ser definido como un estilo de vida centrado en la exclusión razonable, en la medida en que sea posible y practicable, de toda forma de explotación y crueldad hacia la utilización de los animales como alimento, ropa u otros usos.

En términos dietéticos se refiere a la práctica de excluir todo producto de origen animal, incluyendo, carne, pescado, caza, huevos, leches animales, miel u otros derivados.

24. https://www.asociacionvegana.es/

La persona vegana, bien por motivos de salud, ecológicos, éticos u otras razones, trata de vivir sin explotar a los animales en beneficio del planeta y de todos los seres vivos que lo habitan, excluyendo de su alimentación todos los productos de origen animal: carne, pescado, mariscos, lácteos, huevos o miel, entre otros.

El veganismo promueve la protección de la naturaleza y los animales, no la sostenibilidad en todo su conjunto, pero el veganismo puede ser de ayuda al desarrollo sostenible, pues los que llevan este estilo de vida son más conscientes de lo que consumen y su huella ecológica es más sostenible que la del resto.

El poder de elegir donde consumir

Cuando consumimos estamos ejerciendo el poder de elegir donde queremos que nuestro dinero se destine. Nosotros decidimos a qué empresas apoyamos. Por ejemplo, si compramos en empresas que están contaminando el planeta, estamos contribuyendo a que sigan haciéndolo. Por ello, es muy importante saber a quienes estamos comprando un producto o un servicio.

Antes de comprar un producto, por tanto, sería importante, además de analizarlo, conocer a cerca de las prácticas laborales, medio ambientales y fiscales de la empresa que hay detrás.

Empresas socialmente responsables

Una empresa socialmente responsable es aquella que fundamenta su visión y compromiso en políticas, programas y toma de decisiones en incidir positivamente en la gente, el medio ambiente y en las comunidades en las que operan.

Los *Diez Principios del Pacto Mundial*[25] derivan de declaraciones de Naciones Unidas en materia de derechos humanos, trabajo, medioambiente y anticorrupción y gozan de consenso universal:

Derechos Humanos:

1. Apoyar y respetar la protección de los derechos humanos proclamados a nivel internacional.

2. No ser cómplice de abusos de los derechos humanos.

Normas Laborales:

3. Apoyar los principios de la libertad de asociación y el reconocimiento de los derechos a la negociación colectiva.

4. Eliminar todas las formas de trabajo forzoso y obligatorio.

5. Abolir cualquier forma de trabajo infantil.

6. Eliminar la discriminación en materia de de empleo y ocupación.

25. https://www.pactomundial.org/category/aprendizaje/10-principios/

Medio Ambiente:

7. Apoyar el enfoque preventivo frente a los retos medioambientales.

8. Promover una mayor responsabilidad ambiental.

9. Alentar el desarrollo y la difusión de tecnologías inocuas para el medio ambiente.

Anticorrupción:

10. Actuar contra todas las formas de corrupción, incluyendo la extorsión y el soborno.

Conocer si una empresa cumple con estos principios marcados por la ONU, nos ayudará a ser objetivos y saber cuando una empresa es verdaderamente socialmente responsable. Cada vez son más las empresas que incorporan dentro de su página web un apartado público donde los consumidores pueden comprobar de qué forma son socialmente responsables con informes completos a cerca de sus operaciones.

Por ejemplo, en este enlace se puede acceder a la información sobre los logros, compromisos y acciones que las actividades de Telefónica generan sobre sus distintos grupos de interés y sobre la sociedad en general:

www.telefonica.es/es/sostenibilidad

Apple, por ejemplo, ofrece la posibilidad de comprobar y evaluar cada dispositivo en función de su impacto en nuestra huella de carbono y de lo sostenibles y seguros que sean los materiales con los que está fabricado.

www.apple.com/es/environment/

Empresas fiscalmente responsables

La aparición de numerosos escándalos empresariales relacionados con estrategias fiscales legales pero éticamente cuestionables, nos deben hacer reflexionar a cerca de las empresas donde queremos consumir.

Las fórmulas legales que permiten evadir impuestos de forma legal tienen un impacto muy profundo en la economía. La pérdida recaudatoria derivada de esta "fiscalidad poco responsable" en el impuesto de sociedades se estima entre un 4 y un 10% de su recaudación global, es decir, de 100 a 240 mil millones de dólares anuales.

Un ejemplo muy común es la localización de la sede de empresas multinacionales en países con una menor presión fiscal. El caso de Irlanda es ampliamente conocido, donde, entre otras particularidades, tienen uno de los tipos impositivos para el impuesto de sociedades más bajos del mundo (12,5%).

Las grandes empresas con recursos se pueden permitir ejercitar la ingeniería financiera para pagar el mínimo posible de impuestos, algo que no se puede permitir hacer la pequeña y mediana empresa.

El estado de bienestar que hemos conseguido en Europa se mantiene principalmente gracias al pago de impuestos, por tanto es importante que las empresas a las que decidimos comprar estén contribuyendo pagándolos.

Conclusiones

Nos encontramos, entre otros, ante tres grandes problemas que están ocasionando un gran impacto negativo en el planeta como consecuencia de nuestras acciones:

- La emisión de gases de efecto invernadero.

- La sobrexplotación de recursos naturales.

- La generación y gestión de residuos.

El desarrollo sostenible nos debería de permitir satisfacer nuestras necesidades sin comprometer la capacidad de las futuras generaciones para satisfacer las suyas.

Es posible un desarrollo económico respetando al medio ambiente y las personas, pero requiere un cambio profundo tanto en las empresas como en las personas.

Para conseguir minimizar nuestro impacto en el medioambiente es importante que hagamos un cambio hacia un desarrollo que tenga en cuenta:

» La reducción y correcta gestión de los recursos.

» La reducción y compensación de la emisión de gases.

» El correcto uso del agua.

» La eficiencia energética.

» Las energías renovables.

Las empresas juegan un papel muy importante en el cambio. Las empresas que no sean capaces de obtener un beneficio económico sin medir y minimizar su impacto negativo en el medio ambiente no tienen futuro. Asimismo, el éxito de una empresa se fundamentará en su capacidad para aportar valor a todo el entorno social.

Como consumidores tenemos mucho poder, pues nosotros decidimos cómo, cuándo y qué consumimos, lo cual tiene un gran impacto en la toma de decisiones de las empresas.

Debemos de dejar de ser unos meros espectadores y pasar a la acción empezando por medir las consecuencias de nuestras acciones y siendo conscientes de que como individuos estamos en nuestra día a día impactando en el medio ambiente. Nosotros elegimos qué comemos, cómo nos movemos, qué vestimos o la energía y el agua que consumimos.

Cambiar la forma en la que hemos estado consumiendo, requiere cambiar nuestros hábitos y ello conlleva un esfuerzo personal, ya que para consumir conscientemente es necesario obtener información a cerca de lo que hay detrás de un producto y renunciar a consumir algunos que pueden ser muy atractivos pero son perjudiciales para el medioambiente.

Uno de los causantes de la degradación del plantea ha sido el consumo de productos a bajo coste de usar y tirar. A diario, estamos rodeados de tentaciones. Recibimos ofertas de productos a muy bajo coste y se nos incita a consumir, en muchas ocasiones, productos que verdaderamente no necesitamos de muy baja calidad con una vida útil muy corta.

Como consumidores, deberíamos de ser capaces de realizar un cambio en los hábitos de consumo y empezar a consumir productos que realmente necesitemos y que le vayamos a dar una utilidad en el tiempo.

Ahora te toca decidir a ti. ¿Te unes al cambio?

Anexos

Anexo 1

Los ODS:
Los 17 Objetivos de Desarrollo Sostenible

Los *17 Objetivos de Desarrollo Sostenible* constan de 169 metas de carácter integrado e indivisible, de alcance mundial y de aplicación universal. Tienen en cuenta las diferentes realidades, capacidades y niveles de desarrollo de cada país, respetando sus políticas y prioridades nacionales.

1. Poner fin a la pobreza en todas sus formas en todo el mundo.

2. Poner fin al hambre, lograr la seguridad alimentaria y la mejora de la nutrición y promover la agricultura sostenible.

3. Garantizar una vida sana y promover el bienestar para todos en todas las edades.

4. Garantizar una educación inclusiva, equitativa y de calidad y fomentar oportunidades de aprendizaje durante toda la vida para todos.

5. Lograr la igualdad entre los géneros y el empoderamiento de todas las mujeres y niñas.

6. Garantizar la disponibilidad de agua, su ordenación sostenible y el saneamiento para todos.

7. Garantizar el acceso a una energía asequible, segura, sostenible y moderna para todos.

8. Promover el crecimiento económico sostenido, inclusivo y sostenible, el empleo pleno y productivo y el trabajo decente para todos.

9. Construir infraestructura resiliente, promover la industrialización inclusiva y sostenible y fomentar la innovación.

10. Reducir la desigualdad en y entre los países.

11. Lograr que las ciudades y los asentamientos humanos sean inclusivos, seguros, resilientes y sostenibles.

12. Garantizar modalidades de consumo y producción sostenibles.

13. Adoptar medidas urgentes para combatir el cambio climático y sus efectos (tomando nota de los acuerdos celebrados en el foro de la Convención Marco de las Naciones Unidas sobre el Cambio Climático).

14. Conservar y utilizar en forma sostenible los océanos, los mares y los recursos marinos para el desarrollo sostenible.

15. Proteger, restablecer y promover el uso sostenible de los ecosistemas terrestres, efectuar una ordenación sostenible de los bosques, luchar contra la desertificación, detener y revertir la degradación de las tierras y poner freno a la pérdida de la diversidad biológica.

16. Promover sociedades pacíficas e inclusivas para el desarrollo sostenible, facilitar el acceso a la justicia para todos y crear instituciones eficaces, responsables e inclusivas a todos los niveles.

17. Fortalecer los medios de ejecución y revitalizar la alianza mundial para el desarrollo sostenible.

Anexo 2

Tipos de plásticos

Cuando hablamos de plástico, tendemos a generalizar y es importante conocer las diferencias existentes entre los diferentes tipos de plásticos.

En 1988, la Sociedad de la Industria de Plásticos creó el *Código de Identificación de Plástico* con el fin de propiciar el reciclaje. Hoy en día es un sistema utilizado internacionalmente en el sector industrial para distinguir la composición de resinas en los envases y otros productos plásticos.

Los diferentes **tipos de plástico se identifican con un número del 1 al 7** ubicado en el interior del clásico signo de **reciclado** .

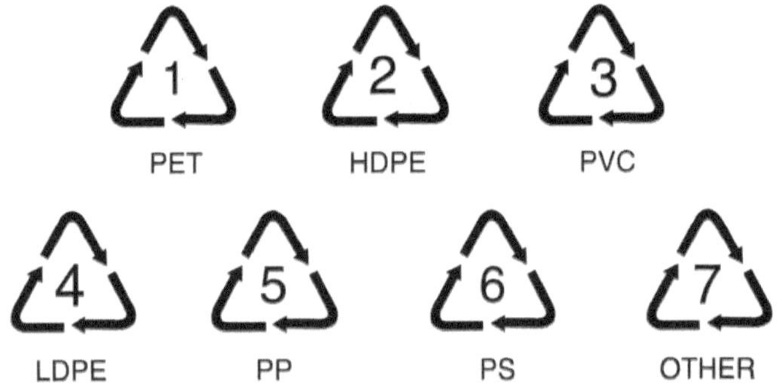

1. PET (Tereftalato de polietileno)

Este plástico es de los más fáciles de reciclar. Tiene muchas propiedades, como su alta transparencia y la admisión de colorantes. Son bastante resistentes, ligeros y reciclables. Podemos encontrarlo principalmente en las botellas de agua o de bebidas. Una vez se reciclan pueden convertirse en nuevas botellas, obtenerse fibras sintéticas usadas para textiles, e incluso botes de cosméticos.

2. HDPE (Polietileno de alta densidad)

También conocido como PEAD, este plástico también es sencillo de reciclar. Tiene alta resistencia a impactos, químicos y temperaturas. Es flexible, pero tiene cierta rigidez. Es ligero y resiste al agua. Puede encontrarse en muchos envases como botellas de leche o aceite para motores. Después de reciclarse suele ser usado para hacer nuevos envases, cajas, juguetes, detergentes, tiestos e incluso algunos muebles.

3. PVC (Policloruro de vinilo)

Este tipo de plástico es un poco más complicado de reciclar, pero su reciclaje es posible. Puede ser rígido y flexible, dependiendo del proceso de producción. Tiene altas resistencias y una baja densidad. Es tenaz y dúctil. Está presente en las tarjetas de crédito, tuberías, revestimiento de cables, pieles sintéticas o algunos marcos de puertas y ventanas. Después de ser reciclado, puede usarse como tubo de drenaje e irrigación.

4. LDPE (Polietileno de baja densidad)

El reciclado del polietileno de baja densidad es posible. Tiene una alta resistencia, tanto a los impactos como a los químicos al igual que el HDPE. Es bastante flexible y su transparencia depende del espesor. Lo encontramos en el papel film, en el plástico de burbujas, en aislantes y en bolsas de la compra, en las cuales puede volver a convertirse una vez reciclado.

5. PP (Polipropileno)

El reciclado de este tipo de plástico también es posible. Es muy resistente y fácil de moldear. Lo podemos encontrar desde en tapones de botellas, hasta en pajitas, *tupperwares*, fibras de algunos tejidos o pañales. Normalmente, una vez se recicla, se puede usar como vigueta, o cajas de baterías para coches.

6. PS (Poliestireno)

Es un tipo de plástico que tiene un reciclaje algo complicado, pero posible. Lo encontramos en materiales térmicos, en hueveras, rellenos para embalaje, perchas o aislantes.

7. Otros (Plástico mezcla)

Los demás tipos de plásticos son algo más complicados de reciclar. Cuando encontramos el número 7 en un envase es porque se trata de una mezcla de varios plásticos. Aun así, todos estos tipos de plásticos tienen una segunda vida en fibras de nailon, discos compactos o piezas de coches. La principal razón por la que son difíciles de reciclar es porque no se puede saber con certeza los tipos de resinas que contienen, dado que están formados por varios plásticos.

Bibliografía

Agencia de protección ambiental de Estados Unidos (2020 [En línea]. Disponible en: https://www.epa.gov/sites/production/files/signpost/cc.html [Consultado el 15 de junio de, 2020].

Agencia europea del medio ambiente (2020 [En línea]. Disponible en: https://www.eea.europa.eu/ [Consultado el 1 de mayo de, 2020].

Banco Mundial (2020), a-last update, Banco Mundial [En línea]. Disponible en: https://www.bancomundial.org/ [Consultado el 3 de junio de, 2020].

Banco Mundial (2020), b-last update, Open Knowledge Repository [En línea]. Disponible en: https://openknowledge.worldbank.org/handle/10986/30317 [Consultado el 5 de junio de, 2020].

Circularity Gap Reporting Iniciative (2020), [En línea]. https://www.circularity-gap.world/about, .

Economía Circular (2020)[En línea]. Disponible en: https://www.circle-economy.com/ [Consultado el 6 de mayo de, 2020].

Economia Circular, Ellen MacArthur Foundation [En línea]. Disponible en: https:// www.ellenmacarthurfoundation.org/es/economia-circular/concepto [Consultado el 1 de junio de, 2020].

Estrategia española de economia circular, España Circular 2030, Ministerio para la Transición Ecológica [En línea]. Disponible en: https://www.miteco.gob.es/es/calidad-y-evaluacion-ambiental/temas/economia-circular/espanacircular2030_def1_tcm30-509532.PDF [Consultado el 1 de junio de, 2020].

Fashion Revolution (2020), Fashion Revolution [En línea]. Disponible en: https://www.fashionrevolution.org/ [Consultado el 3 de junio de, 2020].

Fondo Monetario Internacional (2020) [En línea]. Disponible en: https://www.imf.org/external/spanish/index.htm [Consultado el 1 de mayo de, 2020].

Fundación Aquae (2020) [En línea]. Disponible en: https://www.fundacionaquae.org/ [Consultado el 5 de mayo de, 2020].

Global Footprint Network (2020) [En línea] Disponible en: https://www.footprintnetwork.org/ [Consultado el 1 de mayo de, 2020].

Greenpeace (2020) [En línea]. Disponible en: https://www.greenpeace.org/global/ [Consultado el 1 de junio de, 2020].

Guía para el cálculo de la huella de carbono y para la elaboración de un plan de mejora de una organización, Ministerio para la Transición Ecológica [En línea]. Disponible en: https://www.miteco.gob.es/es/cambio-climatico/temas/mitigacion-politicas-y-medidas/guia_huella_carbono_tcm30-479093.pdf [Consultado el 1 de junio de, 2020].

Huella social y desarrollo humano huella social de las empresas, ongawa [En línea]. Disponible en: https://www.fundacionseres.org/Lists/Informes/Attachments/1093/140115%20La%20Huella%20Social%20de%20las%20Empresas.pdf [Consultado el 1 de mayo de, 2020].

IEA (2019), World Energy Outlook 2019, IEA, Paris [En línea]. Disponible en: https://www.iea.org/reports/world-energy-outlook-2019

Informe especial del IPCC (Grupo Intergubernamental de Expertos sobre el Cambio Climático) sobre los impactos del calentamiento global de 1,5 °C

Informe de la Comisión Mundial sobre el Medio Ambiente y el Desarrollo (Comisión Brundtland): Nuestro Futuro Común (Oxford: Oxford University Press, 1987).

Plastics europe (2020), Plastics Europe [En línea]. Disponible en: https://www.plasticseurope.org/es/about-us/who-we-are [Consultado el 1 de junio de, 2020].

Red eléctrica de España (2020) [En línea]. Disponible en: https://www.ree.es/ [Consultado el 5 de mayo de, 2020].

Sustainable Business Network (2020) [En línea]. Disponible en: https://sustainable.org.nz/ [Consultado el 7 de junio de, 2020].

Ten section report on the "Smart Cities" project, European Economic and Social Committee [En línea]. Disponible en: https://www.eesc.europa.eu/resources/docs/qe-07-16-089-en-n--2.pdf [Consultado el 1 de mayo de, 2020].

The new plastics economy, rethinking the future of plastics, World Economic Forum, 2016. [En línea]. Disponible en: http://www3.weforum.org/docs/WEF_The_New_Plastics_Economy.pdf [Consultado el 1 de mayo de, 2020].

"Una trampa de plástico: liberando de plástico el Mediterráneo", WWF, Iniciativa Marina Mediterránea, Roma, Italia, 2018.

Unión internacional para la conservación de la naturaleza (2020) [En línea]. Disponible en: https://www.iucn.org/es [Consultado el 1 de mayo de, 2020].

WWF. 2018. Informe Planeta Vivo - 2018: Apuntando más alto. Grooten, M. y Almond, R.E.A. (Eds). WWF, Gland, Suiza.